selbst
ist der Mann

Tricks und Tips für Werkstatt, Techniken, Material

Das Heimwerkerbuch mit vielen farbigen Abbildungen

MOEWIG

Verlagsunion Erich Pabel-Arthur Moewig KG, Rastatt

Sämtliche Anleitungen und Abbildungen stammen, sofern nicht anders angegeben, aus dem Redaktionsarchiv der Zeitschrift „Selbst ist der Mann", Köln. Alle Angaben zu Material, Anwendung und Verarbeitung wurden sorgfältig geprüft. Dennoch muß im Einzelfall entschieden werden, ob die Bauvorschläge für den konkreten Verwendungszweck geeignet sind. Der Verlag kann eine Haftung für Personen-, Sach- oder Vermögensschäden, die sich aufgrund von Arbeiten gemäß den in diesem Band gesammelten Anleitungen ergeben, nicht übernehmen.
Nachweis der Urheberrechte: S. 13-20, 25-30: Lavinia-Wöhlbier; S. 31-38: CMA; S. 43-58: Lars Dalsgaard; S. 59-66: Dr. Waldmann/„Selbst ist der Mann"; S. 79-82: Hebel/„Selbst ist der Mann"; S. 83-86: Gør-Det-Selv's.

4. Auflage

Originalausgabe

Redaktion: Gerrit Wöckener
Umschlagentwurf und -gestaltung: Werbeagentur Zeuner, Ettlingen
Umschlagfotos: Lavinia-Wöhlbier (Vorderseite), CMA (Rückseite)
Auslieferung in Österreich:
Pressegroßvertrieb Salzburg Gesellschaft m. b. H.,
Niederalm 300, A-5081 Anif
Printed in Germany 1991
Druck und Bindung: Mohndruck
Graphische Betriebe GmbH, Gütersloh
ISBN 3-8118-8335-6

Inhalt

Mobiler Arbeitsplatz

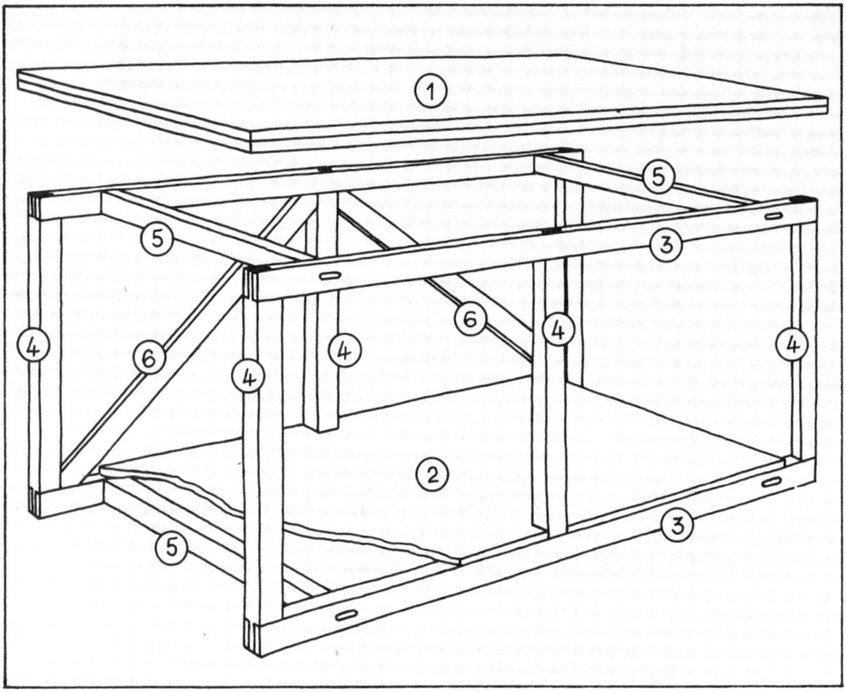

Tragfähig und verwindungssteif wird der Tisch durch zwei diagonale Streben an der Rückseite und durch die untere Einlegeplatte. Alle Kantholzverbindungen sind gezapft. Einfacher, dafür weniger „zünftig" und dennoch haltbar: mit Metallwinkeln verschraubte Eckverbindungen. Die Positionsnummern der Zeichnung finden Sie in der Materialliste wieder.

Bahn frei dem Tüchtigen: Mit dem mobilen Arbeitstisch und der Werkzeugwand nach Art des Schreinermeisters können Sie sich auf die Arbeit konzentrieren und haben Ihr Werkzeug aufgeräumt und griffbereit zur Hand. Die Werkzeugwand erhält den Wert und die Funktionsbereitschaft der guten Stücke, denn: Ein Werkzeugkasten eignet sich nicht für Geräte mit scharfer Schneide! Stech- und Hobeleisen, Sägen und Feilen werden stumpf, wenn sie in der Kiste aneinandergeraten.

An unserer Wand hat jedes Gerät seinen Platz: Bohrwinde, Sägen und andere Werkzeuge mit Loch oder Bügel hängen an 10-mm-Holzdübeln. Aussparungen halten Schraubendreher und Hobel fest. Bohrer und andere Kleinteile stecken in einem Kantholz mit vielen Löchern. Und für den Kleinkram von der Schraube bis zum Heftpflaster steht in der unteren Etage eine Reihe Tabaksdosen bereit. Nichtraucher nehmen Marmeladengläser, deren Deckel unter ein Brett geschraubt werden. Außerdem haben wir im Handel erhältliche Magnetleisten verwendet, an denen Stecheisen, Schraubendreher und ähnliche Geräte „freischwebend" hängen.

Der große Werktisch, den Sie nach der Zeichnung leicht anfertigen können,

Kanthölzer mit dem Querschnitt 55×45 mm bilden das „Fahrgestell" des rollbaren, aber standhaften Tischs. Bei unserem Beispiel sind die Eckverbindungen gezapft – wer sich das nicht antun will, kann mit Metallwinkeln ähnlich stabile Verbindungen erzielen. Gegen Verwindungen helfen in erster Linie die Arbeitsplatte und der Unterboden, der als Abstellfläche für Werkzeuge, Material oder Werkstücke vorgesehen ist.

hat eine doppelt gelegte Platte, die einiges vertragen kann. Er steht auf vier Rollen mit Bremsen, damit man auch in einem etwas engeren Raum das Werkstück von allen Seiten erreichen kann.

Was nützt es aber, wenn man seinen Arbeitsplatz wer weiß wohin schieben kann, das Werkzeug aber an der Wand bleibt? Nicht viel. Um dieses Problem zu lösen, schlagen wir Ihnen auf der folgenden Seite den Werkzeugträger vor, mit dem Sie Ihr Arbeitsgerät griffbereit sortiert auf Ihre „Baustelle" tragen können.

Materialliste

Pos.	Anz.	Bezeichnung	Maße in mm	Material
1	2	Platten	1630×850	Spanplatte
2	1	Platte	1310×780	16 mm
3	4	Längsträger	1550 lang	
4	6	Stützen	700 lang	Tanne
5	4	Querträger	780 lang	55×45 mm
6	2	Streben	1000 lang	

4 Möbelrollen, 60 kp Tragkraft, 100 mm hoch, mit Anschraubplatte; Holzleim; Spax-Schrauben.

Auf dieser Platte kann man auch größere Werkstücke bearbeiten – von allen Seiten, selbst bei knappem Raum.

Box am Bügel

Jeder versierte Heimwerker ist so etwas wie sein eigener Hausmeister. Klemmt hier eine Schublade, wackelt da ein Wandhaken, tropft ein Hahn im Obergeschoß, soll die Küchenuhr endlich umgehängt werden – der „Meister" muß ran. In solchen Fällen nutzt es nicht viel, daß die Werkstatt perfekt ausgerüstet im Keller bereit ist. Jetzt muß was Handliches her, ein Griff, an dem die Werkzeuge hängen, die man gerade braucht. Außerdem sollen die paar Dutzend Kleinigkeiten, die Schräubchen, Scheibchen, Dübelchen und Dichtungsringe gleich dabeisein. Sie kennen das ja: Laufen Sie nicht wegen einer Rolle Isolierband vom Dach zum Keller und zurück; machen Sie Trimm-Übungen lieber im Wald oder in der Turnhalle. Im Haus spart Ihnen unser kleiner Werkzeugträger viele Wege. Alles, was man gerade braucht, ist nicht nur griffbereit, sondern auch sichtbar. Und die handwerkliche Machart des Stückes weist Sie ganz nebenbei als Könner aus.

Um diesen Träger zu bauen, brauchen Sie nur Säge, Bohrer, Bohrmaschine, Hammer, Raspel, Schraubendreher, Schleifpapier und ein Bügeleisen für den Kantenumleimer. Wenn Sie erst mit dem Aufbau Ihrer Grundausrüstung beginnen, hier ein guter Rat: Schaffen Sie sich jeweils nur die Werkzeuge an, die Sie für Ihr Vorhaben brauchen. Nehmen Sie gute, möglichst erstklassige Qualität. Das kommt am Ende billiger.

Das Foto beweist: Im Werkzeugträger sind sowohl die Werkzeuge als auch das Kleinmaterial gut und übersichtlich untergebracht. Wer es fertigbringt, sich anzugewöhnen, immer die gleiche Anordnung der Werkzeuge einzuhalten, wird sehr schnell bemerken, wenn eins der guten Stücke fehlt.

Falls man sich's leisten kann, sollte man den Träger mit einem zweiten Satz der Werkzeuge bestücken, die man immer wieder benötigt. Das erspart einem das ständige Aus- und Umräumen zwischen Träger und Werkzeugwand.

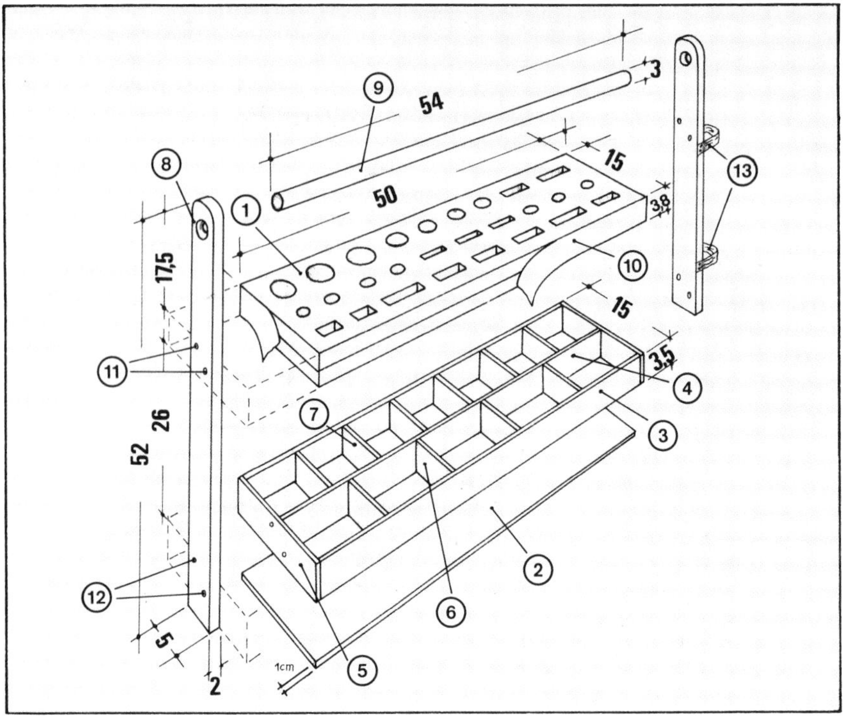

Materialliste

Pos.	Anz.	Bezeichnung	Maße in mm	Material
1	2	Platten	500 × 150	Tischlerpl. 19 mm
2	1	Bodenplatte	500 × 150	Sperrholz 10 mm
3	2	Seitenwände	490 × 35	Sperrholz 5 mm
4	1	Mittelwand	490 × 35	
5	2	Querwände	150 × 35	
6	4	Mittelwände	75 × 35	
7	6	Mittelwände	60 × 35	
8	2	Seitenleisten	520 × 50 × 20	Kiefer
9	1	Rundholz	540 × 30 ∅	
10		Umleimer	1350 × 45	Furnier
11	4	Schrauben	4,0 × 50	
12	4	Schrauben	2,5 × 20	
13	2	Gurtbandschlaufen	100 × 20	

Klapp-Werkstatt

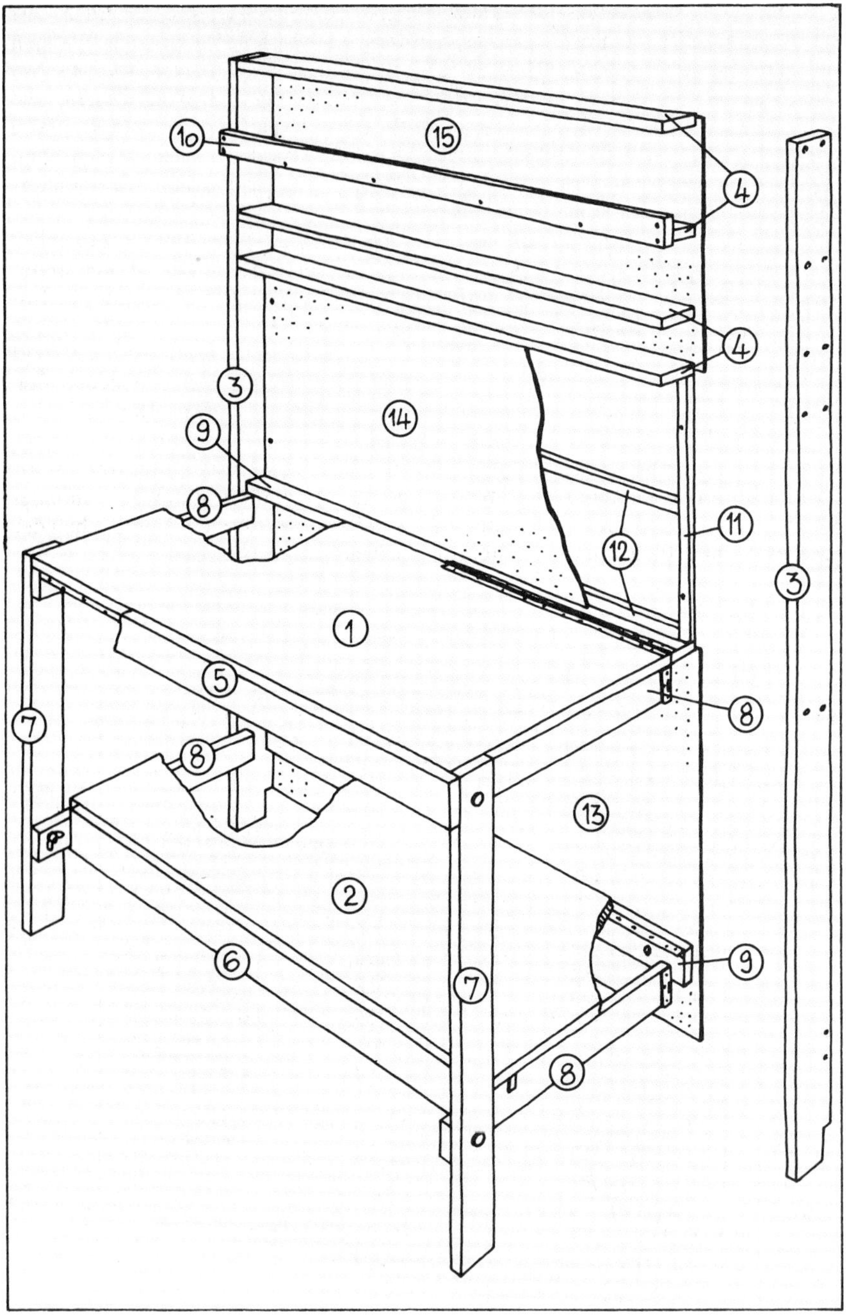

Die Rückwände (13 und 15) verschraubt man von hinten, die Trägerwand (14) von vorn mit der fertigen Rahmenkonstruktion.

Unter „Klapp-Werkstatt“ kann man sich sicherlich nur schwer etwas vorstellen, aber es trifft genau den Kern der Sache. Diese Werkbank macht sich durch verschiedene Klapp-Vorgänge ganz schön dünne. Gut 11 Zentimeter ist sie in geschlossenem Zustand gerade noch „dick“.

Nun zur Montage: Bereiten Sie alle Einzelteile der Materialliste entsprechend vor. Beginnen Sie mit dem Aufbau der kompletten Rückwand. Verleimen und verschrauben Sie dazu die Wangen (3) mit den Zwischenböden (4) und den Trägerleisten (9, 11 und 12). Fertigen Sie jetzt die beiden schwenkbaren Böcke an. Sie bestehen aus je einem Tischbein (7) und je zwei Zargen (8), die durch Schloßschrauben, Unterlegscheiben und Flügelmuttern miteinander verbunden sind. Die Zargen werden mit Scharnieren an den Wangen angeschlagen. Nun verschrauben Sie am Rahmengestell von hinten die Rückwände (13 und 15) und von vorn die Trägerwand (14). Dadurch wird die gesamte Konstruktion verwindungssteif.

Jetzt verbinden Sie über Klavierbänder die Frontleiste (5) mit der Arbeitsplatte (1) und die Frontleiste (6) mit der Bodenablage (2). Dann befestigen Sie über Klavierbänder Arbeitsplatte und Bodenablage mit den entsprechenden Trägerleisten (9). Nun das Gestell mit der Wand verdübeln und die vier Drehknebel anbringen. Die Sturmhaken für die Zargen und die Stuhlwinkel montieren. Sie verhindern ein Verrutschen der schwenkbaren Böcke.

Materialliste

Pos.	Anz.	Bezeichnung	Maße in mm	Material
1 2	1 1	Arbeitsplatte Bodenablage	1150 × 550 1150 × 500	Spanplatte 22 mm dick
3 4 5 6	2 4 1 1	Wangen Zwischenböden Frontleiste Frontleiste	2000 lang 1156 lang 1194 lang 1112 lang	Kiefer 92 × 22 mm
7 8 9 10	2 4 2 1	Tischbeine Zargen Trägerleisten Frontblende	895 lang 550 lang 1156 lang 1200 lang	Kiefer 68 × 22 mm
11 12	2 3	Trägerleisten Trägerleisten	560 lang 1112 lang	Kiefer 22 × 16 mm
13 14 15	1 1 1	Rückwand Trägerwand Rückwand	1180 × 830 1180 × 520 1156 × 560	Lochplatten 4 mm dick

4 Stuhlwinkel (1 Schenkel gekürzt); 4 Möbelverbinder; 4 Scharniere; je 2 Klavierbänder 1150 und 1100 lang; 2 Sturmhaken mit Schraubösen; 4 Drehknebel; 4 Schloßschrauben M 10 × 60 mit U-Scheiben und Flügelmuttern; Nägel; Spanplatten-Schrauben 4,0 × 40 und 5,0 × 50; Holzleim.

Stuhlwinkel stützen die Frontleiste (6) und fixieren die beiden Böcke (7 und 8).

Hier im Detail die beiden Drehknebel, die die eingeklappten Böcke sichern.

Noch ein Detail: Die Frontleiste (5) der Arbeitsplatte ist mit Sturmhaken gesichert.

Die beiden Böcke klappt man – rechtwinklig zur Rückwand – aus. Dann läßt man die Bodenplatte herunter (Foto), bis sie auf den Zargen aufliegt. Die Frontleiste der Arbeitsplatte liegt schließlich zwischen den beiden Tischbeinen, die Frontleiste davor.

Werkbank mit Versenkung

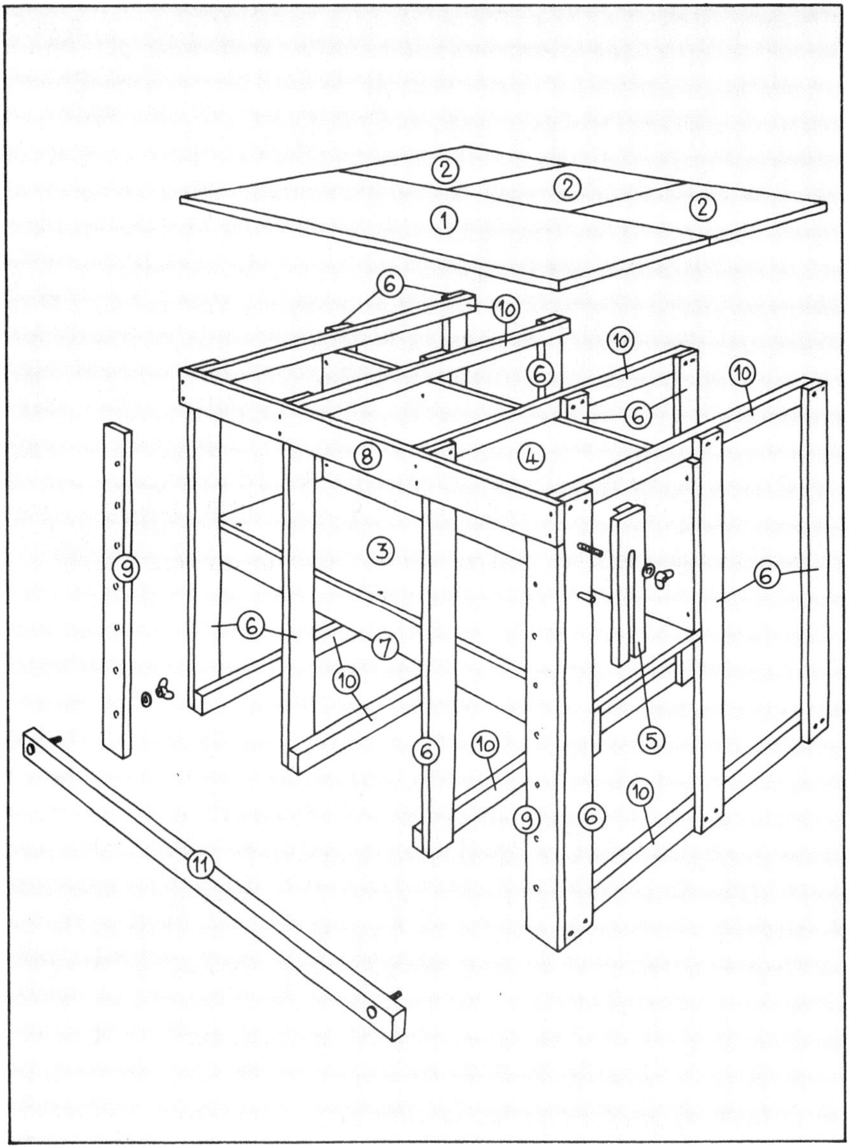

Die Zeichnung macht die Konstruktionsmerkmale unseres Multi-Tischs deutlich. Gut erkennt man das höhenverstellbare Auflager (11), auf dem Werkstücke stehen, deren Kanten bearbeitet werden sollen. Ein in der Nut geführter Dübel hält das Spannbrett (5) immer in der senkrechten Lage. Die drei Klappen (2) werden mit oft benutzten Werkzeugen bestückt, die man bei Nichtgebrauch einfach nach hinten/unten klappt und dadurch die Arbeitsplatte gleichzeitig in der Breite verdoppelt. Dieser „Zustand" ist in der Zeichnung dargestellt.

Den besonderen Pfiff dieses Tischs erkennt man auf den ersten Blick kaum. Neben einigen Eigenschaften, die eine herkömmliche Werkbank nicht zu bieten hat, gibt's noch ein besonderes Bonbon: Sekundenschnell stehen drei – natürlich zuvor fest montierte – Werkzeuge zur Verfügung und sind bei Nichtgebrauch ebenso schnell wieder „in der Versenkung" verschwunden. Dabei nehmen sie die Arbeitsspäne gleich mit. Die Arbeitsplatte vergrößert sich beträchtlich und ist außerdem sofort sauber. Irgendwann muß dann natürlich auch mal der Boden gefegt werden.

Und so einfach ist unser Multi-Tisch aufzubauen: Schneiden Sie zunächst alle Teile nach der Materialliste zu. Das muß sehr sorgfältig geschehen, weil die vier Rahmen, bestehend aus jeweils drei Rahmenstützen (6) und zwei Zargen (10), absolut identisch sein sollten. Sonst kommen Sie bei der Montage ganz schön ins Schleudern.

Fertigen Sie also erst die Rahmen. Die Position der mittleren Stütze ergibt sich aus der Breite des Zwischenbodens (3). Lediglich bei diesen Rahmen wird mit Holzleim gearbeitet, alle weiteren Verbindungen sind nur geschraubt. So läßt sich der Tisch leicht wieder auseinandernehmen. Die Arbeitssplatte (1) erhält eine Doppelreihe 10-mm-Bohrungen. Nun die Rahmen in gleichmäßigen Abständen nacheinander mit den Teilen 8, 4, 7, 3 und 9 verschrauben, die Arbeitsplatte befestigen, die Klappen und das Spannbrett montieren. Zum Schluß das Ganze schleifen und zweimal umweltfreundlichen, farblosen Lack auftragen.

Materialliste

Pos.	Anz.	Bezeichnung	Maße in mm	Material
1	1	Arbeitsplatte	1340 × 600	Multiplex 21 mm dick
2	3	Klappen	445 × 600	
3	1	Zwischenboden	1340 × 442	
4	1	Rückwand	1340 × 374	
5	1	Spannbrett	280 × 90	
6	12	Rahmenstützen	880 lang	Kiefer 92 × 22 mm
7	1	Blende	1340 lang	
8	1	Frontbrett	1340 lang	
9	2	Eckstützen	788 lang	
10	8	Zargen	1160 lang	Kiefer 56 × 33 mm
11	1	Auflager	1340 lang	

1 Winkelverbinder 60 × 40 × 60, ein Schenkel auf 10 mm gekürzt; 1 Klavierband, 1340 mm lang; 1 Skt.-Schraube M 10 × 100 mit langem Gewinde; Spanplatten-Schrauben 3,5 × 20 und 5,0 × 50; 4 Skt.-Schrauben M 10 × 60; 3 Flügelmuttern M 10 mit U-Scheiben; Holzleim.

Das durch einen Dübel in einer Nut geführte und senkrecht gehaltene Spannbrett hält über den Tisch hinausragende Gegenstände in der gewünschten Position.

Das geht mit einer „normalen" Hobelbank nicht: das Einspannen unregelmäßiger Teile.

Wenn das Werkstück sehr dünn ist, dreht man die Schrauben zum Gegenhalten einfach um.

Das Klavierband ist an den Stellen, an denen die Klappen zusammenstoßen, jeweils bis zur Hälfte eingesägt.

Trenntisch – Sicherheit mit Stauraum

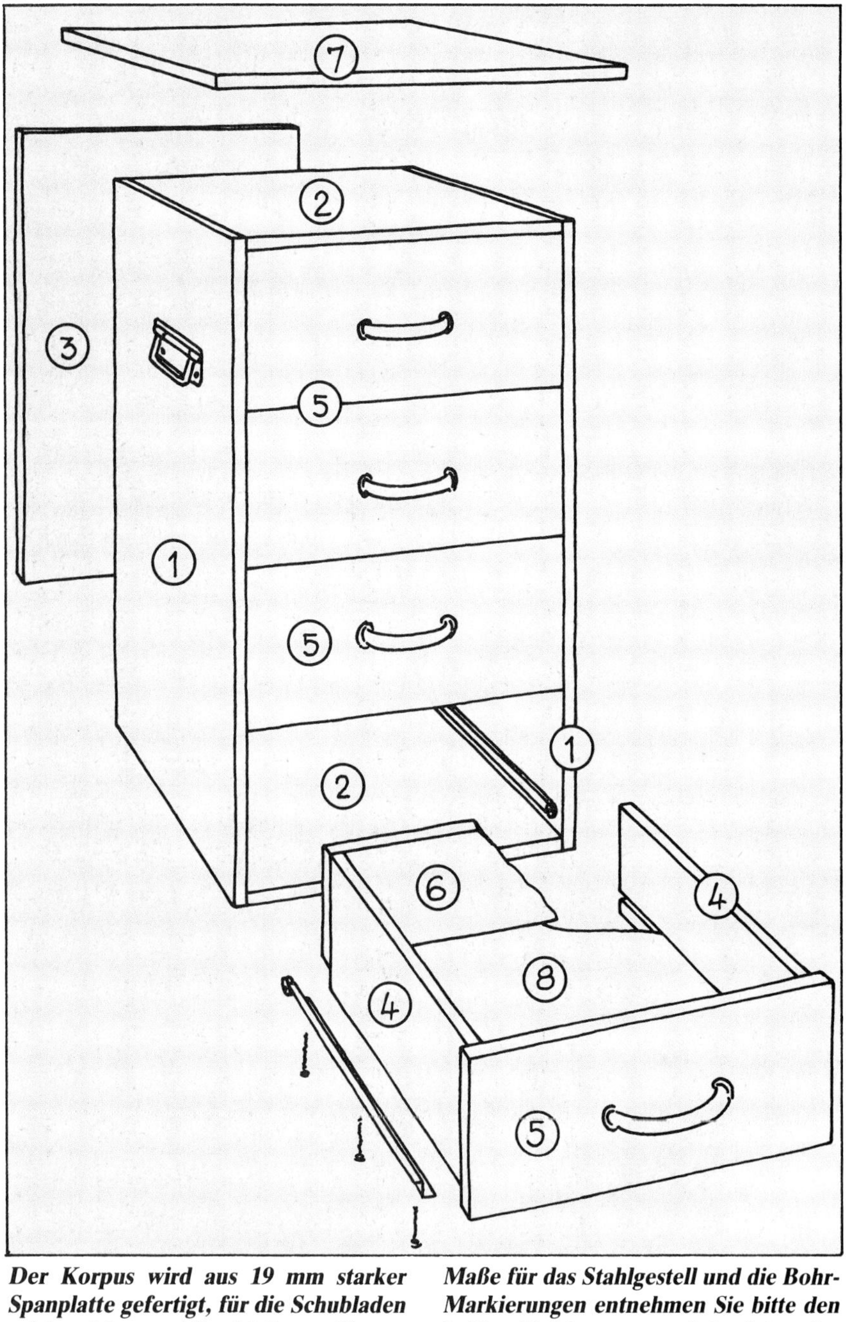

Der Korpus wird aus 19 mm starker Spanplatte gefertigt, für die Schubladen reichen 16 mm. Alle sichtbaren Kanten werden mit Umleimern kaschiert. Die Maße für das Stahlgestell und die Bohr-Markierungen entnehmen Sie bitte den beiden Zeichnungen auf der folgenden Seite.

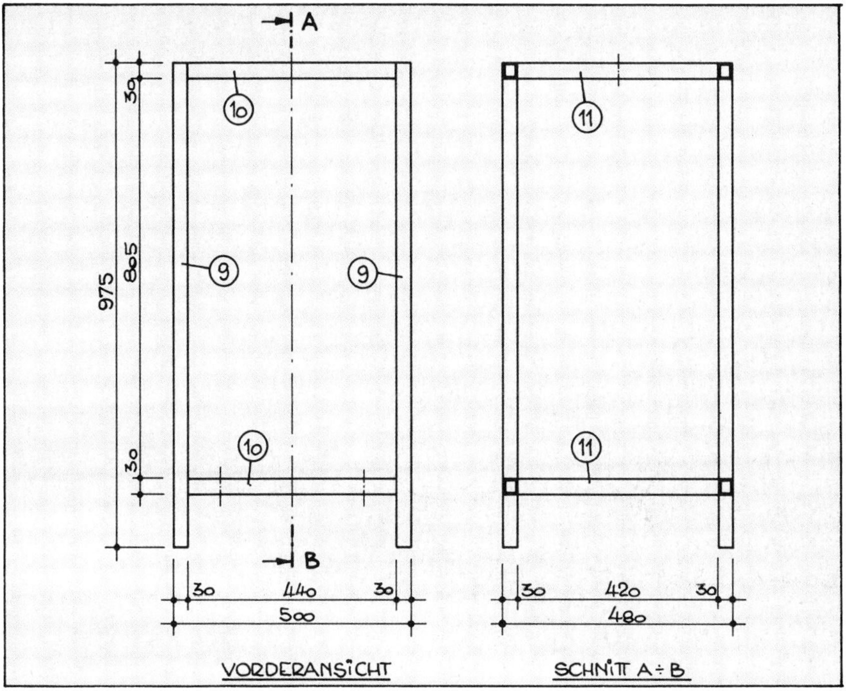

Materialliste

Pos.	Anz.	Bezeichnung	Maße in mm	Material
1	2	Seitenwände	800 × 480	Spanplatte 19 mm dick
2	2	Boden/Kopfpl.	480 × 380	
3	1	Rückwand	800 × 418	
4	8	Seitenteile	420 × 180	Spanpl. 16 mm dick
5	4	Frontplatten	375 × 180	
6	4	Rückwände	355 × 165	
7	1	Arbeitsplatte	520 × 520	Spanplatte 22 mm dick
8	4	Böden	445 × 340	Hartfaser
9	4	Stützen	975 lang	Vierkantrohr
10	4	Querstreben	440 lang	Stahl
11	4	Querstreben	420 lang	30×30×2 mm

4 Paar Schubladen-Auszüge, 450 lang; 2 Tragegriffe, 100 mm; 4 Schubladengriffe, 120 mm; ca. 6 Umleimer (Limba); Schnellbauschrauben; Nägel; Holzleim.

Der schöne Werkzeugschrank, den Sie auf Seite 21 sehen, ist sozusagen seine eigene Voraussetzung: Am einfachsten ließe er sich dann bauen, wenn Sie ihn schon hätten. Bildet er doch die ideale Basis für den nützlichen Trenntisch, der die Arbeit mit dem Winkelschleifer am tragenden Stahlgestell nicht nur erheblich leichter, sondern auch sicherer macht.

Aber keine Angst, es geht fürs erste auch ohne. Zwei Schraubzwingen halten den robusten Halter vorläufig auf jeder beliebigen stabilen Platte, bis das neue Werkstattmöbel steht. Sehr lange kann das ohnehin nicht dauern, denn aus unseren Zeichnungen werden Sie mit einem Blick entnehmen, daß die Konstruktion keinerlei Schwierigkeiten bietet. Auch wenn Ihnen der Schrank mit anderen Maßen besser in den Kram paßt, ergibt sich kein Problem. Alle Längen- und Breitenverhältnisse lassen sich ohne weiteres umrechnen.

Stahlgestell und Holzkorpus werden unabhängig voneinander fertiggestellt. Erst nachdem das Gerüst steht, alle Schweißnähte versäubert sind und – falls Sie möchten – das Metall grundiert und lackiert ist, setzt man den Kasten ein. Dessen Breite ist übrigens dem Innenmaß, die Tiefe dagegen dem Außenmaß des Gestells angepaßt, das heißt, er liegt vorne und hinten, nicht aber seitlich auf. Zum guten Schluß wird als Krönung die Arbeitsplatte aufgesetzt. Am besten verschraubt man sie von unten an allen vier Seiten mittig durch die entsprechenden Bohrungen des Vierkantrohrs hindurch. Zur Befestigung des Bodens dagegen sollten Sie an Vorder- und Rückseite jeweils zwei Bohrungen vorsehen.

Beim Zusammenschweißen des Rahmengestells hilft solch eine Konstruktion aus Zwingen und Beilaghölzern ganz beträchtlich. Steht das Gestell, wird der Spanholzkorpus einfach eingehängt und mit Schrauben befestigt.

Mit der Schruppscheibe des Winkelschleifers lassen sich die Schweißnähte leicht versäubern.

e Arbeitsplätze

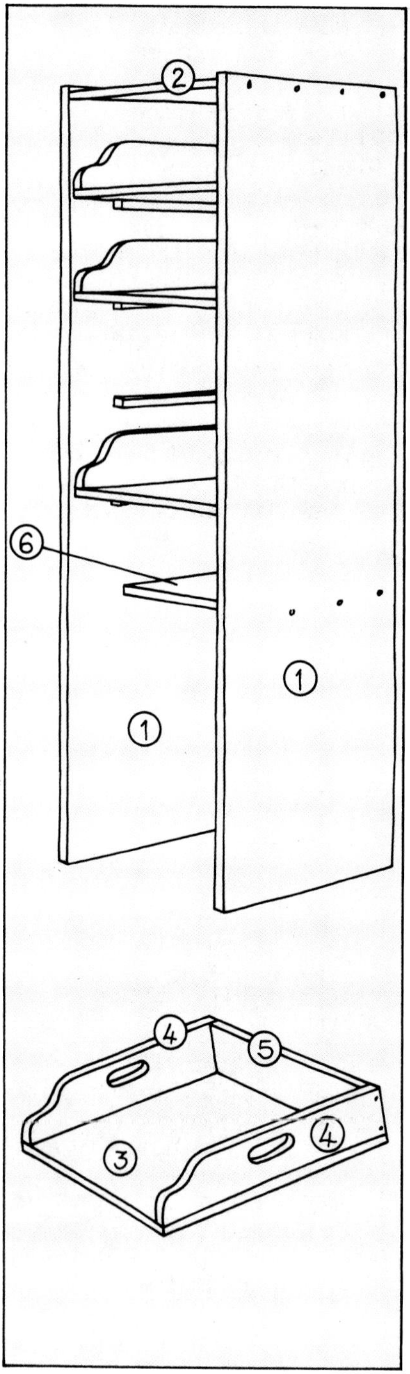

Greifen Sie ruhig zu: Bei diesen Arbeitsplätzen haben Sie alles in Ihrer Reichweite, und die Materialkosten liegen auch im angemessenen Rahmen. Zugleich ist der nötige Arbeitsaufwand erfreulich niedrig, denn die – vielleicht schon vom Holzhändler zugeschnittenen – Teile werden nur stumpf miteinander verleimt und dann noch verschraubt. Ein fröhlich bunter Anstrich wie beim Hobby-Arbeitsplatz oder eine dezente Lackierung wie bei der Schreibecke setzen Glanzpunkte. Damit Sie auch wirklich den „letzten Winkel" im Keller oder in Ihrer Wohnung ausnutzen können, haben wir in den Materiallisten nur Maße für den Schrank und den Schreibtisch-Auszug vorgegeben. Arbeitsplatten beispielsweise aus Küchen-Programmen gibt es (nicht nur als Reststücke) öfter im Sonderangebot; Tischbeine erhalten Sie in vielen Größen, Farben und Formen im Fachhandel und in Do-it-yourself-Märkten.

Tips für den Hobby-Schrank:

Die Seitenteile der Einsätze (4) sägen Sie am besten mit Hilfe einer Schablone zu, bevor Sie die Kanten brechen. Statt

Die Schrankteile werden unter Zugabe von Leim stumpf zusammengeleimt und verschraubt oder vernagelt. Die Tabletts liegen auf Leisten auf und lassen sich leicht herausheben; lediglich das unterste ruht auf dem stabilisierenden, weil verschraubten Zwischenboden. Auf eine Rückwand wurde in unserem Fall verzichtet, weil der Schrank durch seinen Standplatz in der Ecke ohnehin keine Möglichkeit hat, seitlich wegzukippen. Wenn nötig, können Sie natürlich ohne weiteres eine Rückwand auf dieses Schrankregal aufnageln und dadurch eine größere Seitenstabilität erreichen.

der sonst verwendeten Schnellbauschrauben reichen bei den Einsätzen Drahtstifte zur Verstärkung der Leim-Verbindungen aus.
Der fahrbare Container ist ebenso tief wie die Schrank-Einsätze, aber schmaler. Wer – wie in unserem Beispiel – gut auf eine Seitenwand verzichten kann, weil er seinen Schrank in der Ecke andübelt, muß die Dicke der Fußleiste berücksichtigen. Einen Container-Aufsatz mit Kästchen für Kleinteile können Sie aus der Form der vorne offenen Einsätze entwickeln. Statt die unterteilenden Brettchen zu stückeln, sägen Sie sie an den „Kreuzungen" nur halb ein; die längs laufenden von oben, die quer laufenden von unten.

Tips für den Schreibtisch:
Der Arbeitsplatz für Dichter und Denker wirkt trotz der schlichten Spanplatten edel: Leicht abgerundete und dann transparent lackierte Leisten (am Auszug 5 bis 7) möbeln ihn auf. Die Leisten werden angenagelt oder angeschraubt und verleimt.
Eine Schiene aus vier Leisten verleiht auch den Pinwänden Pfiff: Durch sie läßt sich die vordere Tafel vor der Anschlagwand hin- und herschieben. Fußbodenleisten (oben und unten) stellen sicher, daß die Platten nicht herausfallen; Vierkanthölzer dienen als Laufleisten und als Abstandhalter. Die Tafeln selbst bespannen Sie mit dicht gewebtem und etwas blankem Baumwollstoff.

Materialliste

Pos.	Anz.	Bezeichnung	Maße in mm	Material
1	2	Seitenwände	2200 × 600	Spanplatte 19 mm
2	1	Kopfplatte	605 × 600	
3	5	Böden	600 × 550	Spanplatte 16 mm
4	10	Seitenteile	550 × 140	
5	5	Rückwände	568 × 140	
6	1	Zwischenboden	605 × 450	
7	8	Laufleisten	450 lang	Kiefer 20 × 20 mm

Drahtstifte; Schnellbauschrauben; Holzleim.

Noch eine Eck-Lösung: So findet Ihr Büro auch in einer Kleinwohnung Platz – wenn's denn sein muß, sogar im Schlafzimmer. An nützlichen Details hat dieser Entwurf einiges zu bieten: einen ausziehbaren Schreibmaschinentisch und eine doppelte Pinwand, bei der man die Front verschieben kann.

Materialliste

Pos.	Anz.	Bezeichnung	Maße in mm	Material
1	1	Stützplatte	600 × 400	Spanplatte 16 mm
2	1	Ablage	590 × 400	
3	1	Kastenboden	600 × 430	
4	2	Kastenseiten	630 lang	Kiefer 60 × 20 mm
5	2	Kantenleisten	600 lang	Kiefer 16 × 10 mm
6	2	Kantenleisten	420 lang	
7	2	Kantenleisten	590 lang	
8	2	Stoppleisten	200 lang	Kiefer 15 × 15 mm
9	1	Trägerleiste	350 lang	Kiefer 60 × 40 mm

2 Möbelrollen; 1 Bügelgriff; 2 Stuhlwinkel; Schnellbauschrauben; Holzleim.

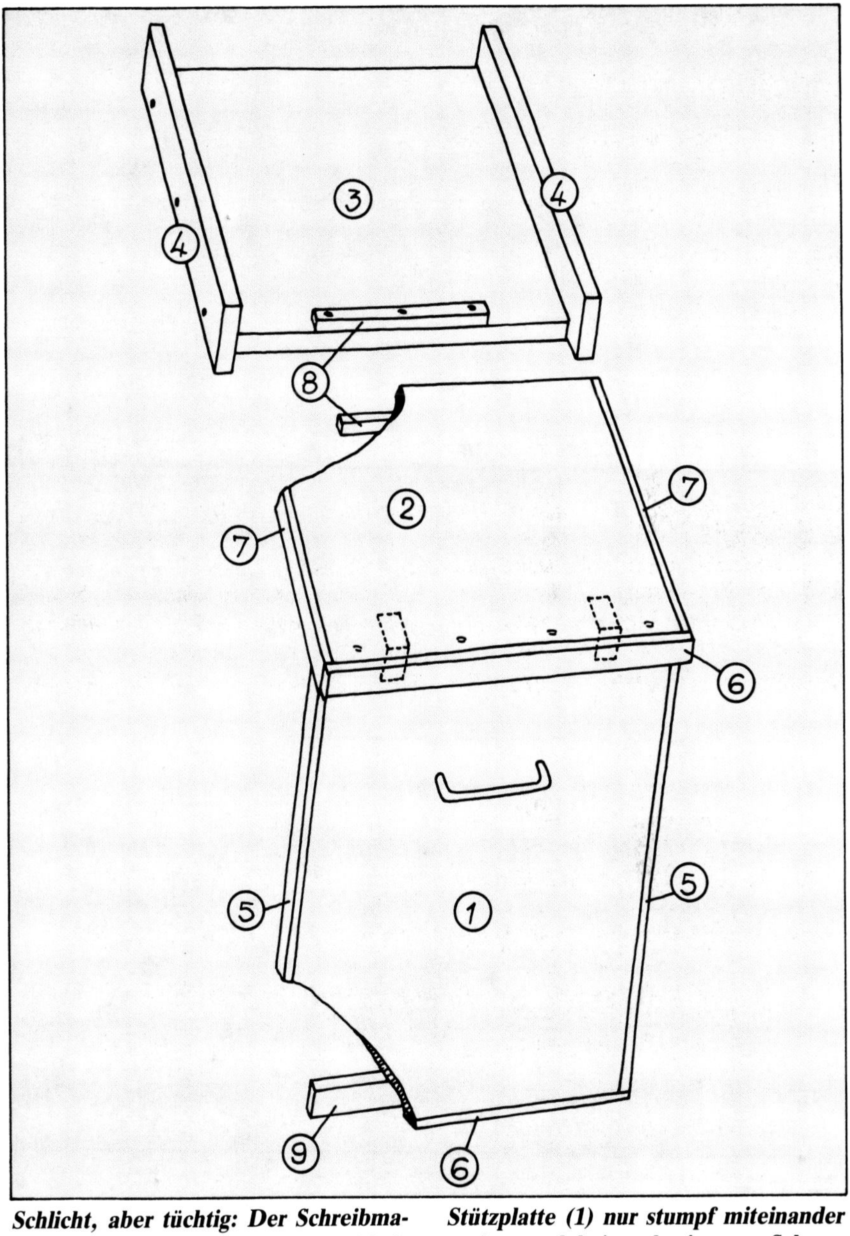

Schlicht, aber tüchtig: Der Schreibmaschinentisch wird wie eine Schublade unter der großen Platte hervorgezogen, bis er von den beiden gegeneinanderstoßenden Stoppleisten gebremst wird. Zwar verleimt man Ablage (2) und Stützplatte (1) nur stumpf miteinander und setzt dabei noch ein paar Schrauben, aber die beiden Stuhlwinkel sorgen für ausreichende Stabilität.

Der rollende Schreibmaschinentisch wird bei Bedarf mit einem Griff aus seiner „Garage“ geholt. Die Stoppleisten sorgen dafür, daß Tisch und Maschine sich nicht selbständig machen und die Statik stimmt. Stabilisiert wird das Ganze durch die Lagerung auf zwei Rollen und die Befestigung unter der Tischplatte.

Und noch ein Detail: Die stationäre Pinwand liegt in einem Falz und wird so an der Wand gehalten, während der verschiebbare Notizzettel-Träger in einer Nut läuft, die (wie auf unserem Foto) Bestandteil eines Kastens für Papierrollen ist, aber ebensogut aus unterschiedlich breiten Leisten gebildet werden kann.

Holz ist immer dabei

Es ist noch gar nicht so lange her, da befürchteten manche Leute, daß der Plastikboom den Werkstoff Holz ins Abseits drängen könnte. Weit gefehlt: Holz ist inzwischen wieder so „in" wie vor der Kunststoffwelle. In Hobbykellern und Heimwerkstätten rangiert das Holz als Werkstoff ganz oben auf der Beliebtheitsskala.

Auf den folgenden Seiten finden Sie einen Überblick über verschiedene Formen, in denen Holz für den Profi, aber auch für den Heimwerker angeboten wird. Uns geht es dabei in erster Linie um Massivholz, nicht aber um die unterschiedlichen Platten – das Angebot könnte ein ganzes Buch füllen. Spanplatten haben wir dennoch berücksichtigt, weil dieses „Kunstholz" ein idealer Baustoff mit einer riesigen Palette der Anwendungsmöglichkeiten ist, zumal man heute davon ausgehen kann, daß das zu Recht gefürchtete Formaldehyd in den neuen Platten nicht mehr vorkommt.

Und wie ist das mit dem Holzschutz? Ist der nicht deutlich gefährlicher als die Schäden, die er verhindern soll?

Die Aussage ist klar, kommt aber für viele Heimwerker zu spät, weil sie schon literweise giftige Holzschutzmittel im Haus verstrichen haben: „Im Innenausbau ist grundsätzlich kein chemischer Holzschutz erforderlich", konstatierte die Arbeitsgemeinschaft Holz in Düsseldorf. Ausnahmen: die für tragende Bauteile von der Bauaufsicht vorgeschriebenen Maßnahmen und der Schutz vor Pilzbefall in Räumen mit hoher Luftfeuchtigkeit.

Was als Faustregel für die Behandlung von Holz im Haus gelten kann, läßt aber für Hof und Garten Fragen offen: Wie müssen die selbstgebauten Gartenmöbel oder die neue Terrasseneinfriedung behandelt werden, wenn das Holz lange schön bleiben soll? Schon die UV-Strahlen des Sonnenlichts können dem Holz schaden: Sie machen das sogenannte Lignin wasserlöslich. Dieses natürliche Bindemittel aber ist für das Holz ähnlich wichtig wie der Zement für den Beton. Wenn es vom Regen ausgewaschen wird, bleibt nur noch ein Zellulose-Gerüst übrig, das sich voll Wasser saugt – der ideale Boden für Pilze.

Ein guter Anstrich muß das Holz deshalb vor den UV-Strahlen und vor Feuchtigkeit schützen, es aber nicht so dicht abschließen, daß eingedrungene Feuchtigkeit nicht wieder abgegeben werden kann. Dazu können noch Wirkstoffe gegen Pilz- und Insektenbefall kommen, so daß der Heimwerker die Qual der Wahl zwischen Dutzenden verschiedener Produkte hat. Lediglich bei druckimprägnierten Hölzern wird ihm der eigentliche Holzschutz abgenommen; hier muß der Do-it-Yourselfer nur noch das Vergrauen verhindern. Letztlich kann man den verantwortungsvollen Heimwerker nur auffordern, sich möglichst umfassend zu informieren. Lassen Sie sich von Verbraucherschutzverbänden beraten, verfolgen Sie Berichte über Lacke und Farben in den Zeitungen und Zeitschriften.

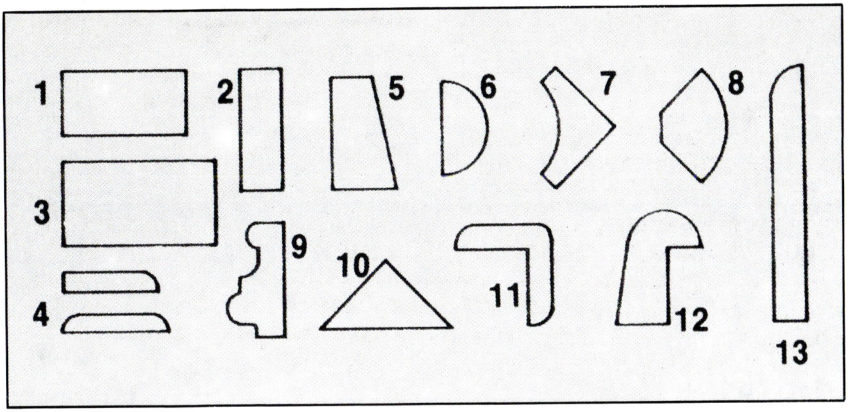

Leisten

Sie gehören zu den wichtigsten Helfern, wenn es um die Holzverarbeitung geht. Rechteckleisten, von der Konstruktionsleiste bis zur Dachlatte, werden als Unterbau für Vertäfelungen gebraucht. Profilleisten sorgen für saubere Abschlüsse und Übergänge.

Neben den Rechteckleisten, die es von 5 x 10 mm (1) über Konstruktionsleisten von 20 x 40 mm (2) bis zur Dachlatte (3) gibt, sind die am häufigsten eingesetzten Profilleisten hier zusammengefaßt: Tapetenleisten (4), Scheuerleiste (5), Halbrundleiste (6), Kehlleiste (7), Viertelstab (8), Zierprofilleiste (9), Dreikantleiste (10), Winkelleiste (11), Abdeckleiste (12) und Fußleiste (13).

Leisten im Abstand von 50 Zentimetern bilden einen tragfähigen Unterbau für jede Holzdecke. Ganz abgesehen von einem schönen Plus an Natur in der Wohnung haben diese Decken den Vorteil der Pflegeleichtigkeit, sind aber ohne Leisten nur halb so schön.

Auch Trennwände lassen sich leicht aus paßgenau eingesetzten Lattengerüsten herstellen. Doch abgesehen vom Innenausbau sind Leisten und Latten nahezu überall verwendbar. Allerdings sind Leistenprofile heute ein wenig in Vergessenheit geraten.

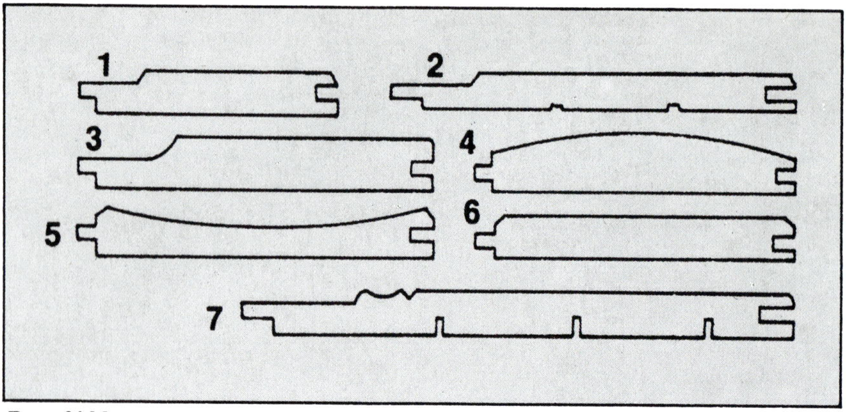

Profilbretter
Beim Renovieren, Ausbau oder Neubau von Wohnungen sind Profilbretter nicht mehr wegzudenken. Sie geben Räumen die ganz besondere Atmosphäre und sind noch dazu sehr pflegeleicht. Eine große Auswahl an Profilformen, Deckenbreiten und Oberflächen läßt jeden Spielraum für individuelle Gestaltungswünsche.

Normalprofile aus Kiefer und Fichte gibt es in verschiedenen Stärken und Breiten (1 u. 2). Darüber hinaus bieten die Holzhandlungen besondere Profilformen an wie Stülpschalung (3), Blockhausschalung (4), Hohlkehlprofil (5), Fasebrett (6). Neben diesen meist traditionellen Profilformen gibt es jetzt besonders breite Profilbretter (7) mit sehr reizvollen Oberflächen.

Leben in Holz – mit Wand- oder Deckenverkleidungen kein großes Problem; hat man den Bogen erstmal raus, lassen sich Wände mit Holz fast so schnell verkleiden wie mit Tapeten.

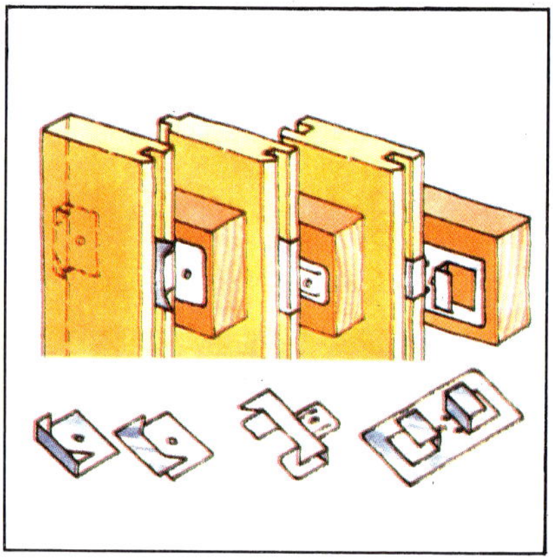

Unterschiedliche Montagekrallen ermöglichen eine unsichtbare Befestigung der Profilbretter auf dem Unterbau, der Lattenkonstruktion.

B r e t t e r

Fertig gehobelt, mit glatten Oberflächen und sauberen Kanten, warten Bretter aus Fichte und Kiefer auf den Heimwerker, denn sie sind das ideale Material für den Möbelbau – besonders dann, wenn es sich um einen Einbau genau nach den Maßen Ihrer eigenen Wohnung handelt.

Meist sind es Fichtenbretter von 19 mm Dicke, die im Handel angeboten werden. Äste und Harzeinschlüsse sind bei dem Naturprodukt Holz kein Nachteil, sondern unumgänglich. Die größte Brettbreite, die üblicherweise angeboten wird: 195 mm. Sondermaße in Dicke und Breite findet man manchmal in Fichte, häufiger aber in Kiefer. Ganz rechts das Brett für Fußböden: Schlaghobeldielen mit Nut und Feder.

Hier ein Beispiel für den Einsatz von Brettern in der Inneneinrichtung: die mit Holz verkleidete Garderobe, bei der vor allem die abgehängte Decke in Lamellen-Form auffällt.

Und so kommen die senkrecht gestellten Bretter unter die Decke. Die quergestellten Brettchen dienen als Abstandhalter. Die eigentlichen Garderobenteile werden mit Dübeln und Schrauben montiert.

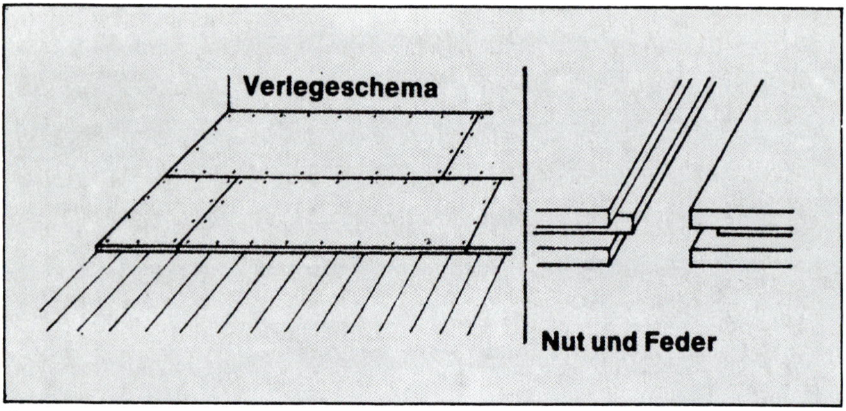

S p a n p l a t t e n

Lassen Sie sich vom Fachmann beraten, welche Platten für Ihren Innenausbau besonders geeignet sind. Verlegeplatten mit Nut und Feder sind der ideale Werkstoff zur Renovierung und Sanierung von Fußböden. Verbundplatten bringen die Wärmedämmung gleich mit.

Ob beim Dachausbau oder auf alten Dielenböden: Die Verlegeplatte ist immer die richtige Wahl. Man kann sie mit dem Untergrund verschrauben oder „schwimmend" auf einer Dämmschicht verlegen. Und das ohne viel Verschnitt, denn das Endstück der einen Reihe ist das Anfangsstück der nächsten. So schafft man schnell den glatten Untergrund für Fertigparkett oder auch für andere Bodenbeläge.

Der glatte Untergrund für den neuen Boden: Nachdem die Platten mit der Handkreissäge zugeschnitten worden sind, folgt die Montage des Bodenbelags. Hier im Bild das Zusammentreiben der Platten in Nut und Feder.

Auf alte Dielen kann man die Platten direkt aufschrauben; anschließend werden die Stoßfugen verspachtelt, und fertig ist der Untergrund für den Boden Ihrer Wahl, ganz gleich ob Parkett oder Teppichboden.

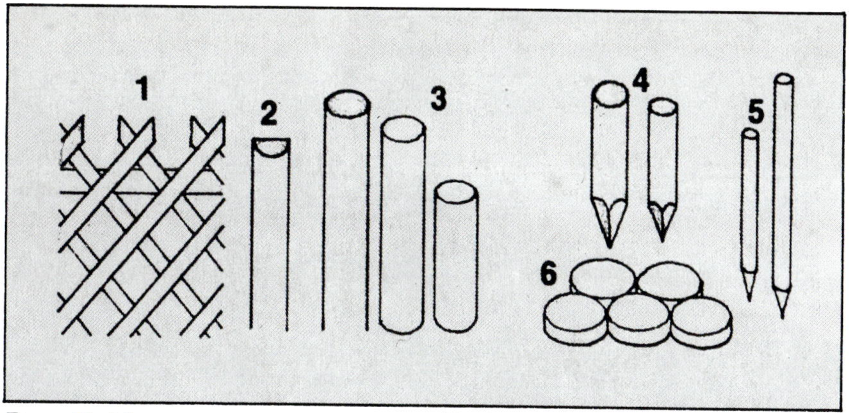

R u n d h ö l z e r

Bei der Gartengestaltung haben Rundhölzer dem Waschbeton den Rang abgelaufen, denn Holz ist natürlich, leicht zu verarbeiten und ein wirtschaftlicher Baustoff. Die Methode des Kesseldruckimprägnierens verleiht dem Holz zudem Schutz für Jahrzehnte.

Im Garten sollte man möglichst nur druckimprägnierte Hölzer verarbeiten.

Es gibt durch Kesseldruckverfahren geschützte Hölzer für Jägerzäune (1), Staketenzäune oder Einzellatten (2), Palisadenpfosten in verschiedenen Stärken und Längen (3), kürzere Pfähle (bitumengetränkt) etwa für Hangbefestigungen (4), dünnere Pfähle für Zäune oder Baumstützen (5) und schließlich Rundholz-Wegpflaster (6).

Eine außergewöhnlich schöne Treppe im Garten. Palisaden fangen das Erdreich ab und bilden gleichzeitig sehr gelungene Treppenstufen.

Auch der offene Palisadenzaun aus Rundhölzern wirkt gefällig. Einerseits bietet er eine klare Abgrenzung, zum anderen macht er keinen zu massiven Eindruck und bietet Rankgewächsen ideale Bedingungen zum Wachsen.

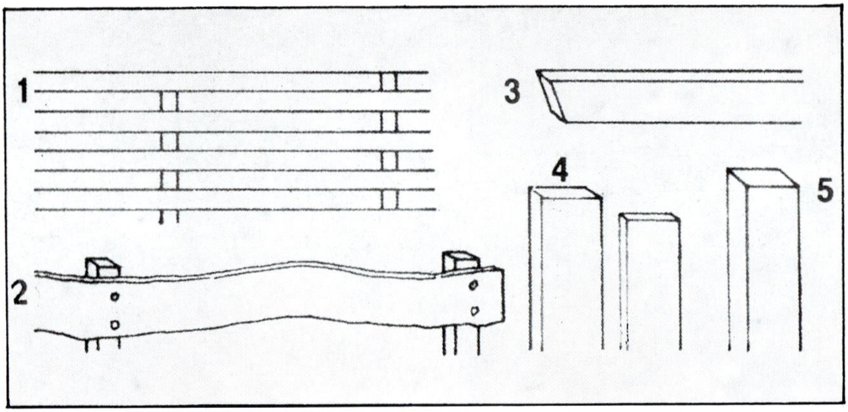

Kanthölzer

Pergolen und Terrassen, Sichtschutz und Windschutz schaffen in Ihrem Garten kleine Zonen, die im Sommer einen Teil des Wohnraums ins Freie verlagern. Das Baumaterial zur Verwirklichung solcher Ideen sind Kanthölzer und Bretter, Balken und Bohlen.
Auch Kanthölzer und Bretter für draußen gibt es imprägniert, so daß sie viele Jahre der Witterung standhalten. Einige wenige Beispiele: Lamellen- oder Flechtzäune (1) aus dünnen Spanstreifen zusammengesetzt; Rancherzaun (2) aus unbesäumten Brettern; Bretter in verschiedenen Breiten und Stärken (3); Vierkantpfosten (4), meist 10 x 10 cm stark, und Kanthölzer (5).

Luftig, transparent und dennoch abgeschlossen: die Pergola als Rankgerüst.

Eine Holzterrasse. Diese „Gartenböden" haben einen ganz großen Vorzug: Sie sind nie fußkalt. Baumaterial: Kanthölzer, die besonders im Garten eine ganze Reihe von Anwendungsmöglichkeiten bieten.

Eckverbindungen mit gezinkten Kanten

BOSCH
BOSCH

Falsch verbunden – auf diese Art bricht mancher hoffnungsvoll hergestellte Kontakt über kurz oder lang zusammen, ehe er zum Tragen gekommen ist. Derart leidige Erlebnisse lassen sich am Telefon meist einfacher zum Guten wenden als in der Holzwerkstatt. Dort ist es nämlich normalerweise nicht damit getan, einfach die richtige Nummer zu wählen. Wer aber unsere Fotos zu Hilfe nimmt, dem tut sich unversehens ein sicherer und günstiger Weg auf: Schwalbenschwanz- und Fingerzinken sind nicht nur sehr robuste, sondern auch optisch interessante Holzverbindungen. Und weil sie mit Stechbeitel und Holzhammer sehr mühsam herzustellen sind, hat sich die Industrie einiges einfallen lassen, um die „Knochenarbeit" auch in der Heimwerkstatt immer mehr zu erleichtern. Ein Beispiel dafür ist die Schablone, die wir Ihnen hier vorstellen. Sie dient einer Oberfräse als stabile, exakte Führung. Man spannt die zu verbindenden Werkstücke gemeinsam ein und fräst beide im selben Arbeitsgang. Das Ergebnis: Saubere, genau ineinandergreifende Zinken – Voraussetzung für lange Lebensdauer selbstgebauter Schubladen, Kisten oder Kleinmöbel. Verschiedene hochwertige HSS-Fräsköpfe helfen dabei, die zwei Zinkenformen mit wenig Aufwand exakt herzustellen.

Die Oberfräse (Foto links) wird genau in der Schablone geführt. Anders als beim Zinken von Hand mit Säge und Stemmeisen, bei dem sich während aller Arbeitsgänge Ungenauigkeiten einschleichen können, kommt es beim maschinellen Zinken in erster Linie darauf an, die Schablone maßgenau auf das jeweils richtige Werkstück zu setzen. Auch die Frästiefe wird mit Hilfe einer Schablone festgelegt (Foto oben); dabei steht die Maschine kopf.

Eine oft bei Schreinerarbeiten nicht genügend beachtete Maßnahme, das Auszeichnen der einzelnen Stücke, sollte beim Zinken auf keinen Fall vergessen werden, denn zu leicht kann Verwirrung aufkommen, wenn man nicht auf einen Blick weiß, was wohin gehört.

Und das ist die Arbeit, die beim maschinellen Zinken am schwierigsten ist: das millimetergenaue Einspannen der Werkstücke in die Halterung.

Einfach-verdecktes Zinken ist die Form, die bei den meisten Schubkästen verwendet wird. Die Zinken sollen einerseits an der Frontseite nicht zu sehen sein, andererseits aber soll auf die stabile Verbindung keinesfalls verzichtet werden.

Das Zusammenschlagen der gezinkten Ecken muß mit Gefühl und einem Stück Holz als Beilage geschehen; andernfalls riskiert man, daß die Arbeit umsonst war, denn zu leicht splittern die Schwalbenschwänze, was dann unsauber aussieht.

Wie bringt man Holz um die Ecke?

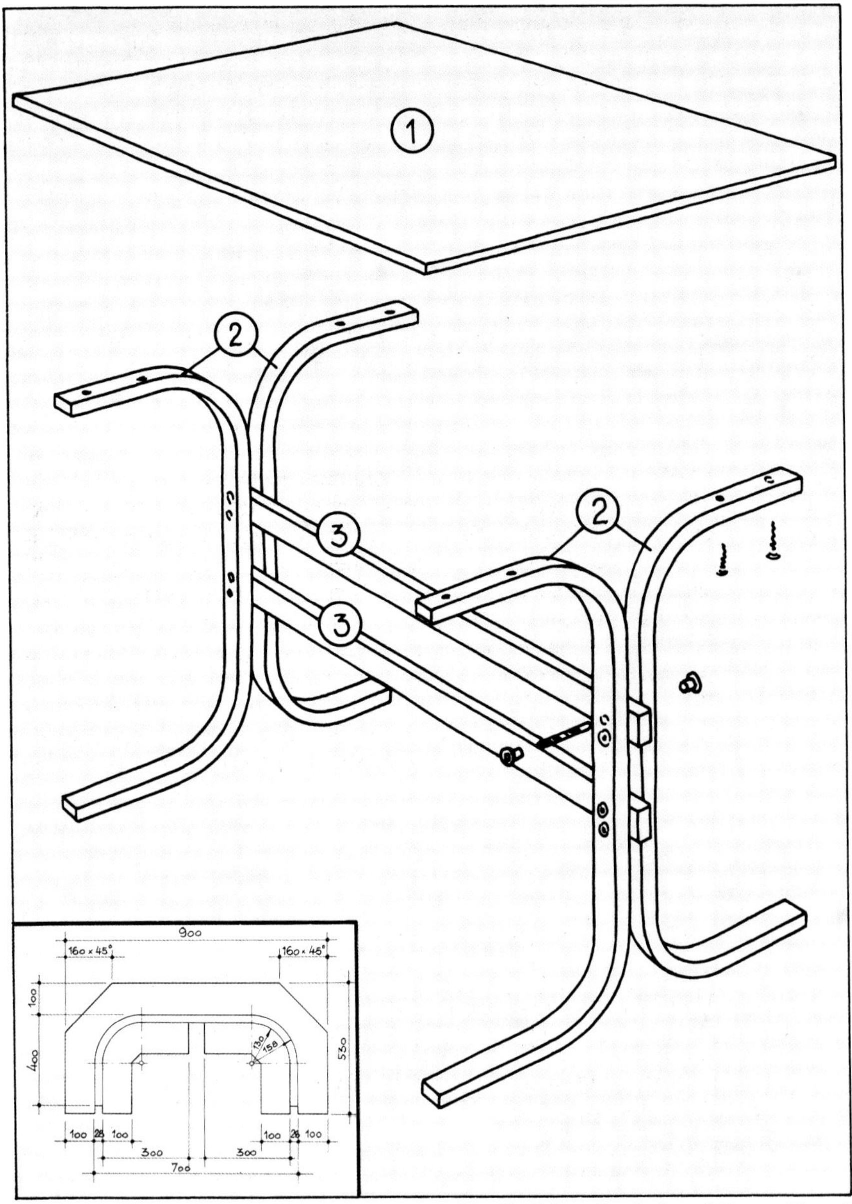

Für den Eßtisch auf der vorhergehenden Seite braucht man vier laminierte U-Bögen mit zwei Querstreben. Daraus entsteht durch Zusammenschrauben das Untergestell. Die acht Bohrungen für die Schraubenbolzen können Sie mit einem Holzbohrer direkt setzen, wenn Sie dazu den Unterbau zunächst ausrichten und dann provisorisch mit Schraubzwingen zusammenspannen.

Laminieren heißt die Technik, mit der man sich das Holz so hinbiegt, wie man es möchte – und glauben Sie uns, Sie haben den Bogen im wahrsten Sinn des Wortes bald raus und werden in Zukunft eher verwundert den Kopf schütteln, wenn Sie sich die Preise für laminierte Möbel anschauen, denn ein Blick hinter die Kulissen beweist: gewußt wie, ist schon nahezu alles. Wir zeigen Ihnen in diesem Beitrag das Laminieren am praktischen Beispiel und bieten Ihnen drei Tischmodelle zum Nachbau an.

Welche Festigkeit Sie mit dieser Technik erreichen, beweist schon ein einfaches Experiment: Läßt sich ein vier Millimeter dicker Holzstreifen ohne weiteres zum Halbkreis mit 120-mm-Radius biegen, so verliert er bereits jegliche Flexibilität, wenn Sie einen zweiten Streifen auf diesen Bogen leimen. Die Voraussetzung ist allerdings, daß die Maserung – mindestens bei den beiden äußeren Sperrholzstreifen – quer zur Längsrichtung verläuft, sonst würden die zwei Deckschichten wegplatzen.

Um die Leimverbindungen zwischen den Lagen herzustellen, benötigen Sie eine Schablone aus Preßspan, die mindestens so dick wie die Breite der Holzstreifen sein muß (hier sind 42 mm nötig). Alle Maßangaben für die Urform finden Sie links in der Zeichnung. Die U-Bögen aller abgebildeten Tische können Sie übrigens mit derselben Schablone fertigen, denn es ändert sich nur die Zusammenstellung der Tischbeine.

Obwohl wir einen Kaltleim verwendeten, der in wenigen Minuten abbindet, ließen wir trotzdem jeden Bogen sicherheitshalber eine Stunde in der Schablone verspannt. Diese Zeit können Sie gut nutzen, um die Längen der Tischbeine anzuzeichnen; Markierungspunkte kann die lange Außenkante der Schablone liefern. Bevor Sie ablängen, sollten Sie zur Kontrolle nochmals alle erforderlichen Bögen aufeinanderlegen.

Mit diesen wenigen Tricks haben Sie also den Bogen raus und brauchen sich in Zukunft auf einer Möbel-Ausstellung nur noch neue Anregungen für Ihr privates Schichten-Modell zu holen.

Materialliste

Pos.	Anz.	Bezeichnung	Maße in mm	Material
1	1	Tischplatte	1100 × 800	Tischlerpl. 16 mm
2	4×7	Lagen	1400 × 42	Birken-Sperrholz 4 mm
3	2	Längsstreben	1060 lang	Kiefer 44 × 21 mm

8 Schnellbauschrauben 4,0 × 40; 8 Schraubenbolzen M 6 × 70 mit je 2 Montagemuffen M 6; Umleimer; Holzleim.

Die Sperrholzstreifen werden mit 2 mm Überbreite geschnitten und zum Laminieren mit Leim bestrichen.

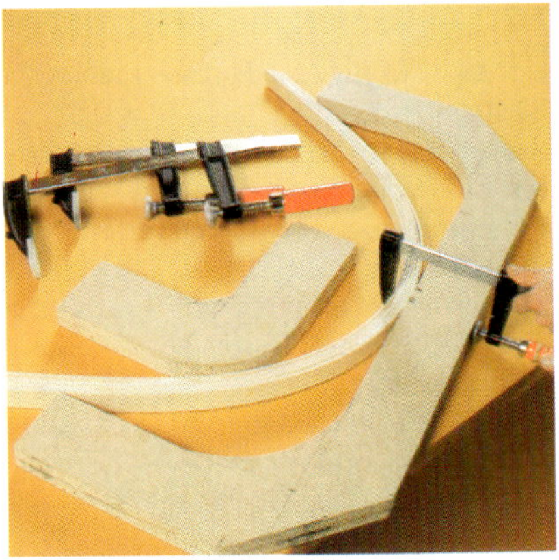

Mittig fixiert läßt sich die Sperrholzlage in die Biegung hineinziehen und dann verspannen.

Liegen die sieben Schichten nicht exakt in der Schablone an, so muß man mit einem Hammer vorsichtig nachklopfen.

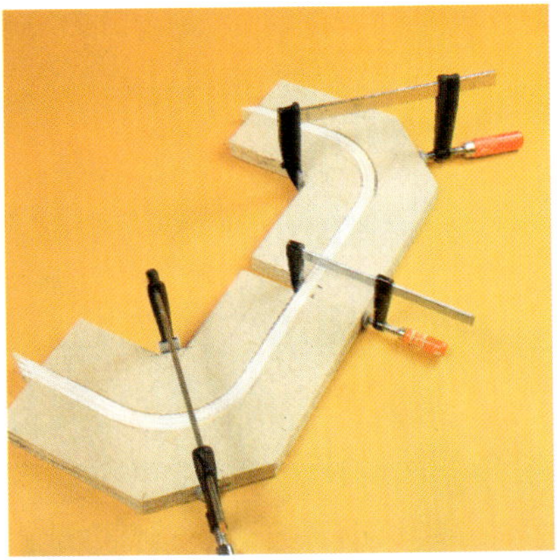

Um das Übermaß an den Kanten sauber bearbeiten zu können, brauchen Sie einen scharfen Hobel.

Der Beistelltisch verdankt seinen fernöstlichen Hauch hauptsächlich der Lakkierung mit einer Seidenglanz-Farbe. Eine zweifache Grundierung mit Zwischenschliff von Hand ist wichtig, damit die sich öffnenden Holzporen geschlossen werden. Kleine Risse müssen beigespachtelt werden. Für den zweifachen Deckanstrich eignet sich dann übrigens auch ein hochglänzender Stuhllack.

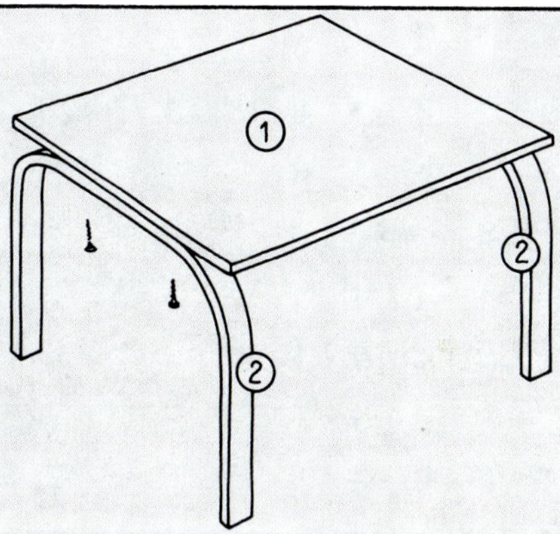

Materialliste

Pos.	Anz.	Bezeichnung	Maße in mm	Material
1	1	Tischplatte	700 × 700	Tischlerpl. 16 mm
2	2×7	Lagen	1500 × 42	Birken-Sperrholz 4 mm

4 Schnellbauschrauben 4,0 × 40; Umleimer; Holzleim.

Eine weitere Variante ist der Couchtisch. Er wird zu einer runden Sache dadurch, daß die Ecken der Tischfläche mit demselben Radius wie die U-Bögen gerundet sind. Legen Sie einen der Ständer auf die Platte, damit Sie die Form übertragen können. Winklig gesägte Fußplättchen (3) halten die laminierten Tischbeine an der Stellfläche zusammen.

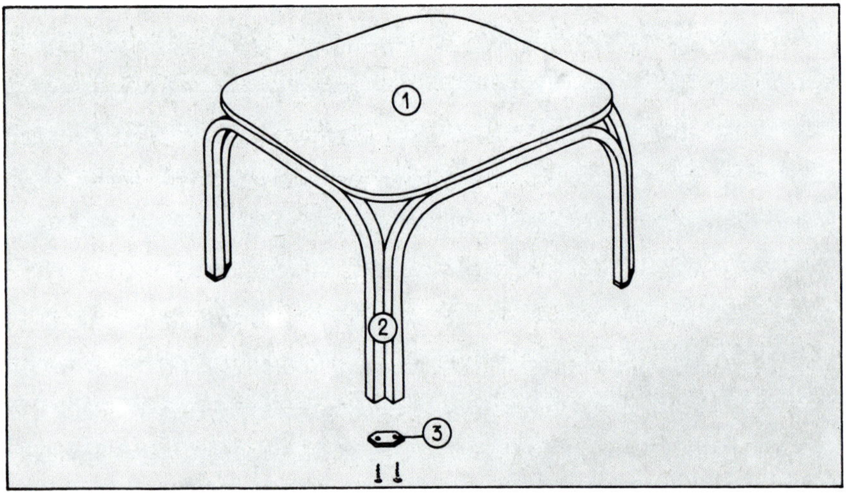

Materialliste

Pos.	Anz.	Bezeichnung	Maße in mm	Material
1	1	Tischplatte	756 × 756	Tischlerpl. 16 mm
2 3	4×7 4	Lagen Fußplättchen	1500 × 30 80 × 80	Birken-Sperrholz 4 mm

8 Schnellbauschrauben 4,0 × 40; 8 Schnellschrauben 3,0 × 17; Umleimer; Holzleim.

Die Wende für Ihre Wände

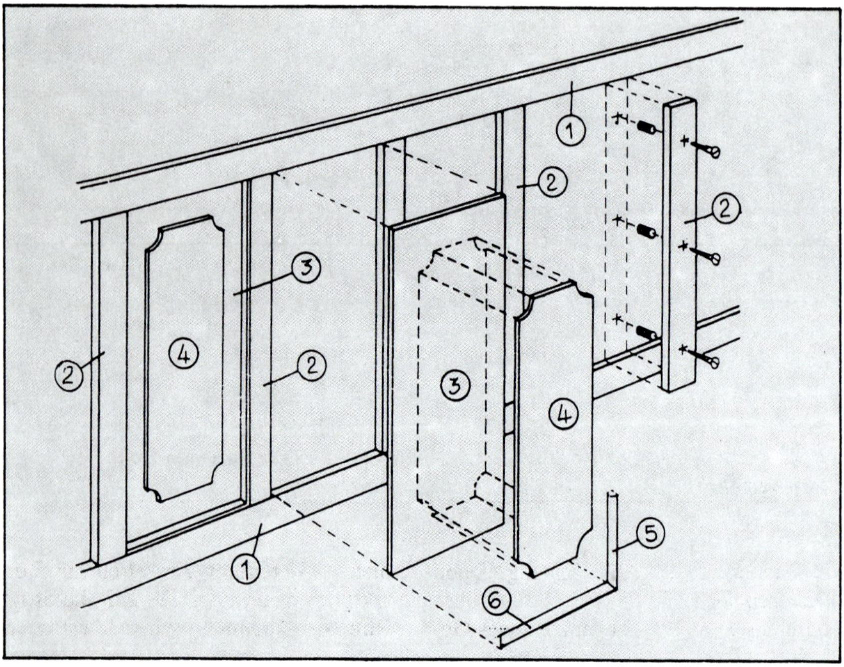

Die beiden Hartfaserplatten werden vor dem Verleimen lackiert. Die Leimflächen dabei aussparen.

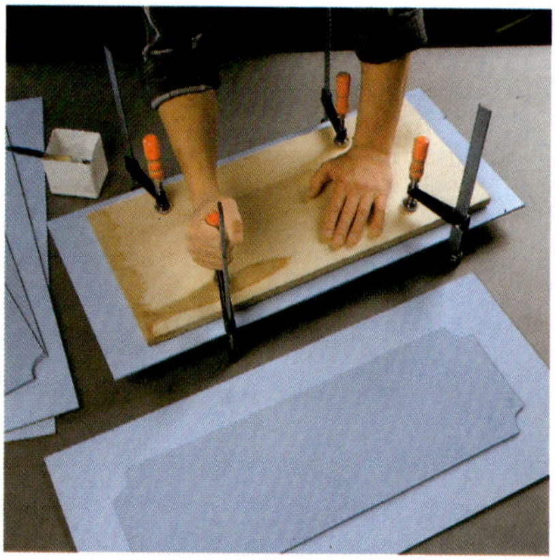

Die Kassettenteile mit Leim bestreichen und fest zusammenpressen. Zulagen schützen den Lack.

Markieren Sie den Sitz der Rahmenleisten. Dann Dübel setzen und die Leisten verschrauben.

Zuletzt werden die Kassetten auf die Wand geleimt und rundum mit Viertelstäben eingepaßt.

Lieben Sie die Abwechslung? Dann geben Sie einem Teil Ihres Wohnbereichs doch mal ein ganz eigenes Gesicht – mit einer Kassetten-Vertäfelung. Wir haben als Beispiel eine Eßnische ausgesucht. Die farbig lackierte Vertäfelung besteht aus verleimten Hartfaserplatten zwischen Rahmen aus gehobelten Kiefernleisten.

Zuerst werden nun die Rahmenleisten an die Wand gedübelt, dann die komplett vorbereiteten Kassetten mit Kontaktkleber an der Wand befestigt. Rundum sorgen Viertelstableisten für festen Halt und einen sauberen Abschluß. Die mattglänzende Ton-in Ton-Lackierung von Wand und Vertäfelung ergibt eine ruhige, entspannende Atmosphäre. Die Maße der Einzelteile entnehmen Sie der Materialliste und errechnen anschließend Ihren persönlichen Bedarf.

Materialliste

Pos.	Anz.	Bezeichnung	Maße in mm	Material
1	2	Längsleisten	nach Bedarf	Kiefer
2	*)	Senkrechte	712 mm	70 × 15 mm
3	*)	Trägerplatten	710 × 330	Hartfaser
4	*)	Kassetten	570 × 190	4 mm
5	*)	Eckleisten	712 lang	Kiefer
6	*)	Eckleisten	332 lang	7 × 7 mm

*) nach Bedarf; Nägel; Holzleim.

Ein leichtes, luftiges Gitter als Wandverkleidung. Die stumpfen Holzverbindungen erleichtern den Zusammenbau des Spaliergerüsts. Allerdings ist das exakte Zuschneiden der Spalierleisten nach den Maßen der Materialliste Grundvoraussetzung für die Paßgenauigkeit der Verkleidung.

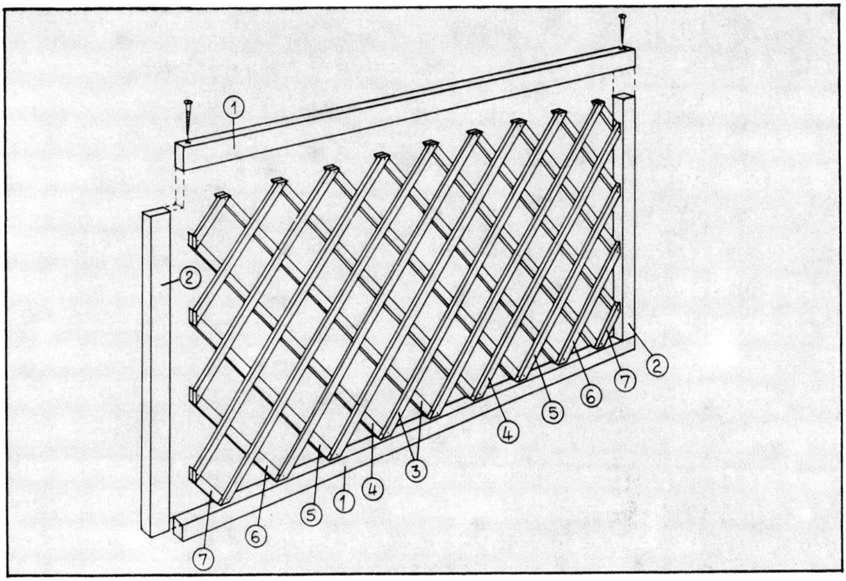

Bei einem gemütlichen Gläschen Wein vor der luftig dekorativen Spalierwand werden selbst im tiefsten Winter die schönsten Sommerträume wach. Was Sie zum Nachbau brauchen, sind nur ein paar gehobelte Leisten, Leim, Nägel und Schrauben. Die Elemente der Wandverkleidung sind jeweils zwei Meter lang, können aber auch individuell angepaßt werden. Den Rahmen verleimen und verschrauben Sie, legen ihn dann flach auf den Boden und passen nacheinander die zwei Lagen der Spalierleisten ein. 12,5 cm beträgt der Abstand zwischen den Leisten. Zuletzt das Gitter stumpf in den Rahmen nageln und das Ganze weiß lackieren.

Materialliste

Pos.	Anz.	Bezeichnung	Maße in mm	Material
1	2	Längsleisten	1998 lang	Kiefer 44 × 21 mm
2	2	Senkrechte	850 lang	
3	10	Diagonalen	1222 lang	Kiefer 22 × 8 mm
4	4	Diagonalen	1072 lang	
5	4	Diagonalen	772 lang	
6	4	Diagonalen	472 lang	
7	4	Diagonalen	172 lang	

4 Schnellbauschrauben; Nägel; Holzleim.

Ungezählte Möglichkeiten der Wandgestaltung bieten sich, wenn Sie Leistenrahmen anbringen wie bei der Kassettenvertäfelung, die Felder statt dessen jedoch mit attraktiven Tapetenmustern ausfüllen. Dazu nur hochwertige abwaschbare Qualitäten benutzen. Sind die Leisten angedübelt, kleben Sie die Tapete Ihrer Wahl auf passende Hartfaserplatten, die Sie mit Kontaktkleber auf der Wand befestigen. Den Abschluß rundum bilden Viertelstableisten. Den Leistenrahmen farbig lackieren.

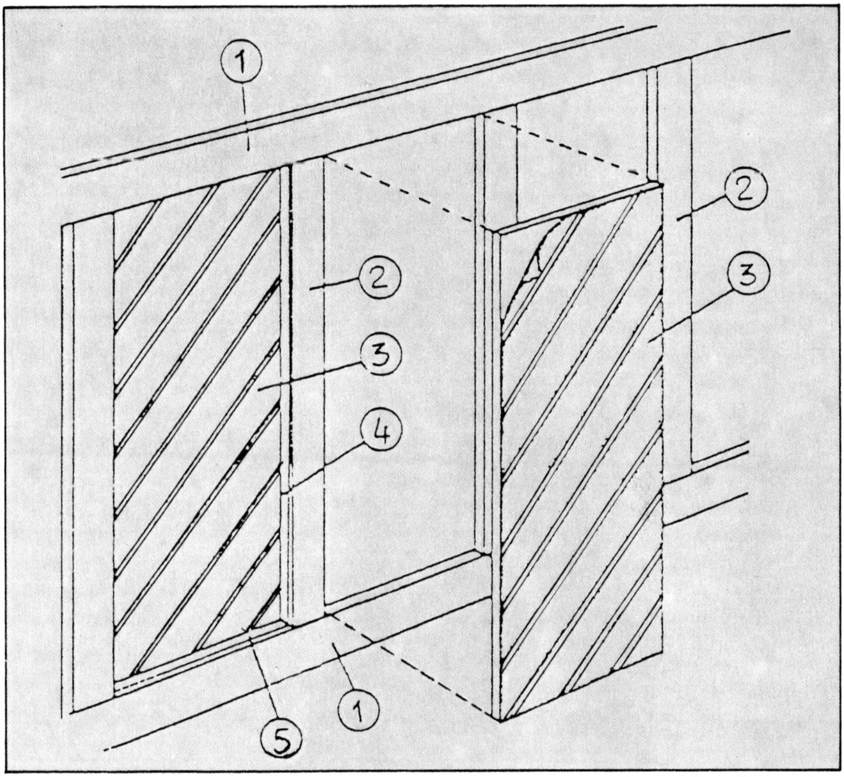

Bei Tapeten mit Schrägstreifen – wie in unserem Beispiel – muß das Muster über die Rahmenleisten der Felder hinweg exakt angepaßt werden. Denken Sie daran, zum Kleben der abwaschbaren Tapeten unbedingt Spezialkleber zu verwenden.

Materialliste

Pos.	Anz.	Bezeichnung	Maße in mm	Material
1 2	2 *)	Längsleisten Senkrechte	nach Bedarf 712 mm	Kiefer 70×15 mm
3	*)	Trägerplatten	710×330	Hartfaser 4 mm
4 5	*) *)	Eckleisten Eckleisten	712 lang 332 lang	Kiefer 7×7 mm

*) nach Bedarf; Nägel; Tapete; Kleister; Holzleim.

Einfache Lochplatten aus Hartfasermaterial spielen die Hauptrolle bei diesem Wandverkleidungsvorschlag. Wie schon bei der Kassettenvertäfelung werden wiederum Rahmen aus Kiefernleisten auf die Wand gedübelt. Dieses Mal haben wir ein quadratisches Rastermaß gewählt. Schneiden Sie die Lochplatten zu und streichen Sie sie zweimal mit mattglänzendem Lack. Die Schraublöcher in den Rahmenhölzern spachteln, dann ebenfalls lackieren. Mit Kontaktkleber befestigen Sie die Lochplattenquadrate auf der Wand und nageln auf Gehrung geschnittene Viertelstäbe als Randabschluß gegen die Rahmenhölzer.

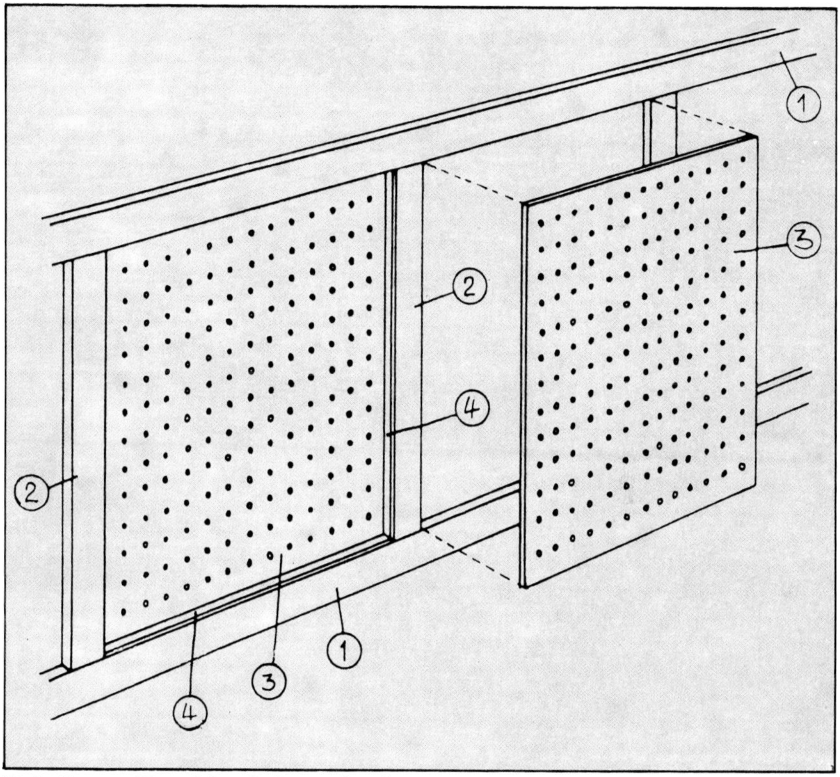

Bei diesem Vorschlag haben wir ein quadratisches Raster zugrunde gelegt. Abschlußstücke werden entsprechend den Raummaßen angepaßt. Auf dem Foto links erkennt man deutlich, wie gut leichte Korbmöbel zu der weißen Lochplattenverkleidung passen.

Materialliste

Pos.	Anz.	Bezeichnung	Maße in mm	Material
1 2	2 *)	Längsleisten Senkrechte	nach Bedarf nach Bedarf	Kiefer 70 × 15 mm
3	*)	Lochplatten	712 × 712	z.B. Hartfaser 4 mm
4	*)	Eckleisten	712 lang	Kiefer 7 × 7 mm

*) nach Bedarf; Nägel; Holzleim.

Die einfachste Art, eine Wand dekorativ zu verkleiden, ist ein farbiger Sockel, der den Raum gleichzeitig optisch „zusammenfaßt“. Wir haben ganz einfach eine obere Abschlußleiste angebracht und die Tapete unterhalb dieser Leiste vorsichtig aufgeweicht und abgelöst. Der darunterliegende Putz wurde gespachtelt, geschliffen, mit Tiefgrund behandelt und dann mit mattglänzender Farbe zweimal lackiert.

Abbeizen – Der alte Lack muß ab

Da hat man ein altes Schränkchen geerbt oder einen tollen Stuhl ertrödelt – der Form nach jedenfalls, denn das Holz ist unter einer dicken Lackschicht verborgen. Will man neu lackieren, reicht es unter Umständen, die Oberfläche gut abzuschleifen. Soll jedoch das Holz in seiner ganzen Schönheit zur Geltung kommen, gibt's nur eins: Der Lack muß ab. Das gilt übrigens auch, wenn Sie Raritäten mit Schellack- oder Firnis-Überzügen, die jedoch für einen schonenden Teilaufbau des Überzugs zu stark beschädigt sind, aufgestöbert haben.

Es gibt nun zwei Wege, um die störenden Lackschichten zu entfernen. Auf der einen Seite stehen chemische Produkte von flüssiger bis pastöser Konsistenz, die Abbeizmittel, zur Verfügung, andererseits gibt es Hilfsmittel zur mechanischen Entfernung alter Lackierungen, was zwar sehr viel mühsamer, dafür aber umweltfreundlicher ist. Das ist bei den Abbeizmitteln leider nicht so. Aufgrund ihrer Inhaltsstoffe sind sie gesundheits- und umweltschädlich. Deshalb sollte man sie wirklich nur dort einsetzen, wo es nicht anders geht und wo es sich lohnt, z.B. bei sehr wertvollen Möbeln. Je nach Zusammensetzung und Konzentration der organischen Lösungsmittel sind die Abbeizfluide brennbar bzw. entzündlich. Deshalb die Gebrauchsanweisung genau beachten.

Und noch ein Rat: In gut gelüfteten Räumen, am besten im Freien arbeiten, da das Einatmen der Lösungsmitteldämpfe gesundheitsschädlich ist, besonders bei Benzol, Methylenchlorid und Methanol. Außerdem sollte man Schutzbrille, Gummihandschuhe, robuste Arbeitskleidung und eine Schürze tragen. Abbeizprodukte und Werkzeu-

Zunächst wird die Abbeizpaste satt mit einem Kunststoffpinsel auf das Möbelstück aufgetragen. Nach 10 bis 30 Minuten ist der Lack aufgeweicht und läßt sich nun mit einer Ziehklinge entfernen. Wenn nötig, kann der Vorgang wiederholt werden.

Bei geschnitzten Teilen oder solchen mit vielen Ecken, die schwer zugänglich sind, müssen auch alle Vertiefungen gut eingestrichen werden. Hier empfiehlt sich, ein Abbeizfluid zu verwenden.

ge immer außer Reichweite von Kinderhänden aufbewahren. Werkzeuge wie Spachtel etc. immer gründlich mit Papier oder alten Lappen vorreinigen, die dann, ebenso wie Abbeizmittelreste und die entfernte Mischung aus Abbeizer und alter Farbe, in den Sondermüll gegeben werden müssen.

Abbeizer helfen dabei, Lacke von Holzoberflächen zu entfernen. Fürs Do-it-yourself-Verfahren eignen sich fertige lösende Abbeizfluide (Universalabbeizer/Lackentferner) sowie Ablauger gut.

Die Ablauger sind alkalische Mittel; da sie keine Lösemittel enthalten, sind sie den lösenden Produkten im Bezug auf die Umwelt vorzuziehen. Ein Rezept: 200 bis 300 g Ätznatron in 1 l Wasser auflösen, mit Kartoffelstärke verdicken und zum Schluß etwas Salmiakgeist dazugeben. Die Einwirkzeit dieser Paste kann rund 10 Stunden betragen. Nach

Hilfsmittel zum Abbeizen

1. ***Ziehklinge im Holzgriff;***
2. ***rechteckige Ziehklinge;***
3. ***Spachtel;***
4. ***Abbeizpinsel (die Borsten und die Zwinge bestehen aus Kunststoff);***
5. ***Haushaltsschwamm;***
6. ***Drahtbürste, klein;***
7. ***Sägemehl;***
8. ***Ziehklingen-Hobel;***
9. ***Schutzbrille;***
10. ***Gummihandschuhe;***
11. ***Drahtbürste, groß;***
12. ***Borsten-Bürste;***
13. ***Oxyd (Bleichmittel);***
14. ***Teufelszunge;***
15. ***Abbeizfluid;***
16. ***grobe Stahlwolle;***
17. ***Bleichmittel;***
18. ***Salmiakgeist;***
19. ***Terpentinersatz;***
20. ***Universalverdünnung;***
21. ***Abbeizfluid;***
22. ***Cyanex 2;***
23. ***Cyanex 3;***
24. ***Zitronensäure;***
25. ***Brennspiritus;***
26. ***Wasserstoffsuperoxid;***
27. ***Alkohol;***
28. ***Cyanex 1.***

dem Entfernen und Abwaschen mit verdünnter Essigsäure neutralisieren.
Massivholzmöbel, vornehmlich solche aus Tanne, Fichte und Kiefer, vertragen beim Abbeizen eine robustere Behandlung als solche aus Edelhölzern, z.B. Kirschbaum, Birke und Nußbaum, sowie furnierte, intarsierte oder marketierte (mit Einlegearbeiten versehene) Möbel. Bei den Letztgenannten immer nur sehr wenig Abbeizfluid partienweise auftragen und nach Entfernung des alten Überzugs sofort mit Terpentinöl oder Terpentinersatz und einem sauberen Lappen nachwaschen, denn sonst kann Abbeizfluid in offene Leimfugen eindringen und das Furnier lösen.
Robustere Hölzer kann man auch mit Wasser oder wäßrigen Lösungen nach dem Abbeizen abwaschen. Dann muß man mit der Weiterbehandlung aber so lange warten, bis das Holz wieder ganz trocken ist. Das Möbel jedoch nie an eine Heizung oder in die pralle Sonne stellen, sondern schattig oder in einen wohltemperierten Raum. Beim Nachbehandeln mit Terpentinöl braucht man nicht so lange zu warten.
Nach dem Trocknen werden die meisten Möbel geschliffen, wobei man Holzschleifpapiere mit aufsteigender Körnung von 100 bis 400 verwendet. Wie stark geschliffen werden muß, ist individuell zu entscheiden. Hier gibt es keine festen Regeln. Furnierte, marketierte oder intarsierte Möbel vertragen jedoch höchstens einen Schliff mit 400er Papier.
Wer ganz auf Chemie verzichten will, muß dem Lack mechanisch zu Leibe rücken. Wichtig ist, daß Ziehmesser und Eisen immer gut geschärft bzw. zugerichtet sind. Man führt sie behutsam, aber mit leichtem Druck über das Holz.

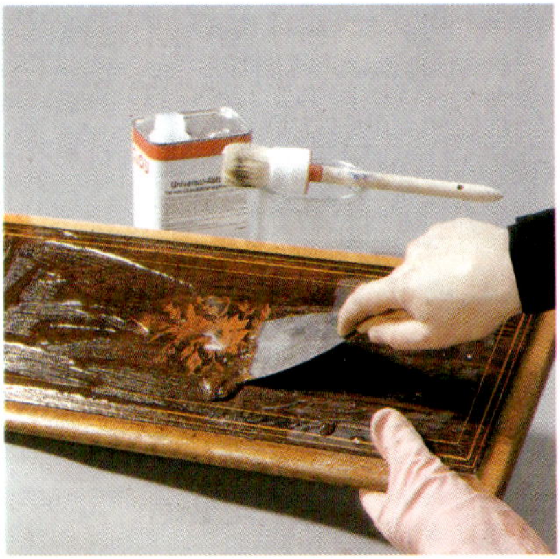

Will man alte Firnisschichten von furnierten Möbeln abbeizen, geht man folgendermaßen vor: Abbeizfluid auftragen und nach einer Einwirkzeit von 10 Minuten mit einem Spachtel entfernen. Zum Nachwaschen grobe Stahlwolle mit Terpentinersatz tränken und . . .

. . . so über die Fläche fahren, daß die Richtung der Stahlfasern rechtwinklig zur Bewegungsrichtung liegt. Danach das Holz in Faserrichtung schleifen. Bedenken Sie, daß das Furnier nur sehr dünn ist und daher ein besonders vorsichtiges Arbeiten erfordert.

Daneben kann man den Lack z.B. auch mit Heißluft weich machen und dann mit einer Klinge abkratzen, oder man schleift die Flächen ab. Dabei jedoch immer einen Atemschutz tragen, denn Schleifstaub ist, zumal wenn er wie ältere Produkte noch Blei enthält, stets ungesund.

Nachstehend nun eine Zusammenfassung der wichtigsten Abbeiz- bzw. Ablaugtechniken, des mechanischen Entfernens alter Farb- und Lackschichten und eine kurze Schilderung des Bleichens von Hölzern. Und noch einmal die Bitte im Interesse Ihrer Gesundheit und der Umwelt: Überlegen Sie gut, ob Sie die Chemikalien wirklich einsetzen müssen, und wenn ja, dann bitte alle Abfälle, die im Zusammenhang mit diesen Arbeiten entstehen, sowie die Reste der Mittel unbedingt in den *Sondermüll* geben!

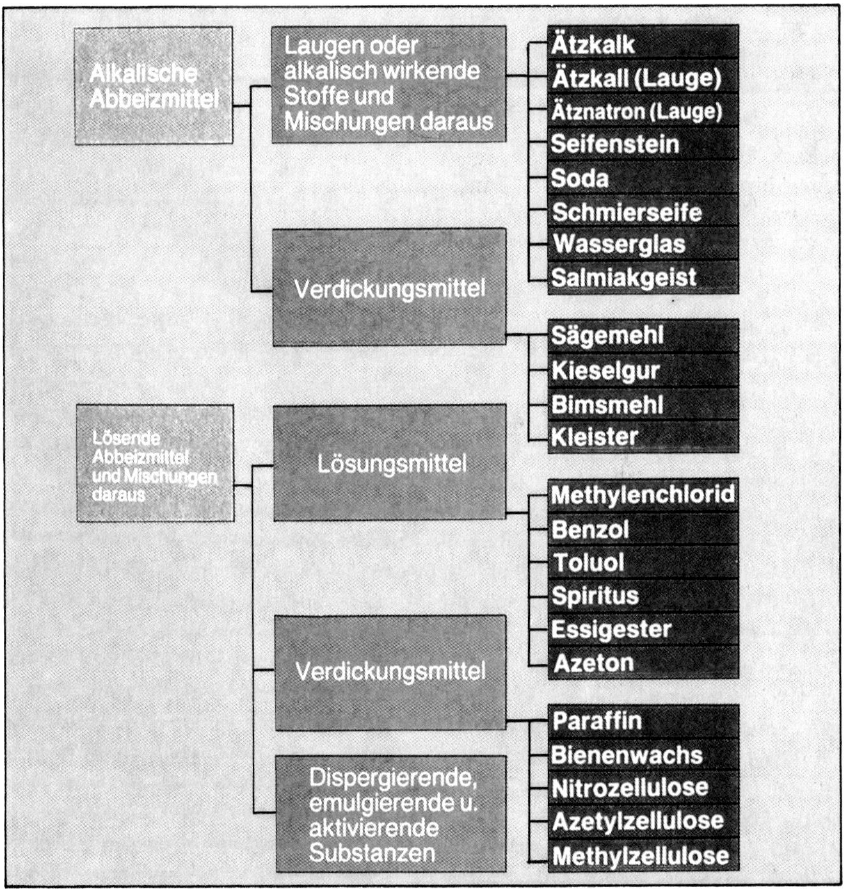

Diese Liste erhebt keinen Anspruch auf Vollständigkeit. Sie macht aber deutlich, mit welchen Stoffen man beim Abbeizen hantiert. Alkalische sind lösenden Abbeizern im Hinblick auf die Umweltverträglichkeit vorzuziehen, wenn man auch hier im eigenen (Gesundheits-)Interesse vorsichtig sein sollte.

Das Abbeizen von Schellack

Viele alte „Schätzchen“ sind noch mit einem mehr oder minder erhaltenen Schellack-Überzug versehen. Ist er im großen und ganzen noch gut erhalten, sollte man ihn nicht entfernen, sondern lediglich auffrischen. So verliert das Möbelstück auch nichts von der wertvollen Patina. Bei stärkeren Beschädigungen aber muß der alte Überzug vollständig abgenommen werden, ehe ein neuer aufgebaut werden kann. Als ideales Mittel zum Lösen von Schellack-Überzügen hat sich eine Mischung im Verhältnis 1:1 von Alkohol (reiner Äthylalkohol oder ersatzweise Brennspiritus) und Salmiakgeist bewährt. Beim Ansetzen der Mischung immer erst den Alkohol ins Gefäß geben.
In die Mischung gibt man Sägemehl oder Sägespäne. Hat sich das Sägemehl mit der Flüssigkeit vollgesogen, deckt man damit die waagerecht liegende abzubeizende Holzfläche ab. Oft ist ein alter Schellack-Überzug schon nach 15 Minuten aufgeweicht. Dann entfernt man die Sägemehlschicht: entweder mit einem Haushaltsschwamm, der eine Scheuerseite hat, oder mit einer Messingbürste. Zum Nachreinigen tränkt man einen Haushaltsschwamm mit Äthylalkohol oder mit Brennspiritus und reibt die Holzoberfläche ab. Dabei am besten kreisende Bewegungen mit der rauhen Seite des Schwamms machen. Die Holzoberfläche anschließend mit einem sauberen Leinen- oder Baumwollappen so trocken wie irgend möglich reiben. Dabei verschwinden auch noch allerletzte Verunreinigungen vom Holz.

Zunächst wird die Abbeizmischung angerichtet: eine Mischung von 1:1 aus reinem Alkohol und Salmiakgeist. Dann kommt feines Sägemehl in die Flüssigkeit. Haben sich die Holzfasern vollgesogen, werden sie satt auf die Holzoberfläche aufgelegt . . .

. . . und nach etwa 15 Minuten wieder entfernt. Dazu nimmt man entweder einen Haushaltsschwamm oder eine Messingbürste, die putzt, ohne zu kratzen. Danach reinigt man die Fläche mit Äthylalkohol und Scheuerschwamm und reibt sie gründlich trocken.

Abbeizen ohne Chemie

Wer auf Chemie verzichten will, kann alte Lackschichten auch auf mechanischem Weg entfernen. Dazu empfehlen sich in erster Linie die unten gezeigten Hilfsmittel. Allerdings sollten Sie die „Vorarbeit“ mit dem Kopf leisten, denn je wertvoller Ihr „altes Schätzchen“, desto eher sollte man die Arbeit einem Fachmann/einer Fachfrau überlassen, weil das gekonnte Abbeizen sehr viel Fingerspitzengefühl und genaue Kenntnisse bestimmter Holzeigenschaften und Möbelverbindungen verlangt.
Der Kratzer einer abrutschenden Ziehklinge kann bei einer Antiquität zu deutlichem Wertverlust führen, der unter Umständen höher liegt als die Kosten einer fachgemäßen Restaurierung. Handelt es sich jedoch um ein Stück, das Sie schon seit Ihren Kindheitstagen mit sich herumschleppen, liegt der Wert also eher im rein emotionalen Bereich, dann sollten Sie sich ruhig an die Arbeit machen – dabei liegt die Betonung auf „ruhig“, also ohne Hast, denn diese Art des Abbeizens erfordert ziemlich viel Geduld, vor allem, wenn es sich um ein Möbelstück handelt, das nicht gerade durch Schlichtheit besticht, sondern eine ganze Menge Füllungen und Profile aufweist. Besonders vorsichtig sollten Sie bei furnierten Stücken zu Werke gehen, denn die Holzschicht, die sich auf dem Möbelstück befindet, ist bereits durch verschiedentliches Schleifen bei der Fertigung sehr dünn geworden und daher leicht zu verletzen oder auch durchzuschleifen.

Die Werkzeuge für das mechanische Abbeizen sind Pfennigartikel. Hier eine gerade Ziehklinge, mit der man Lack und feine Späne abhebt, vor allem von geraden Flächen. Für ausgekehlte oder sonst schwer zugängliche Partien empfiehlt sich die Schwanenhalsziehklinge.

Der Ziehklingenhobel hat den Vorteil einer besseren Kraftübertragung auf die schneidende Klinge. Ansonsten können noch handliche Glasscherbenabschnitte und Abbrech-Ziehklingen aus Stahl empfohlen werden. Ganz gleich, welches Werkzeug – scharf sollte es sein.

Das Bleichen von Hölzern

Bleichen ist etwas anderes als Abbeizen. Während beim Abbeizen ein Lacküberzug entfernt wird, verschwindet beim Bleichen ein früherer Beizton. Durch Bleichen läßt sich aber auch der Naturton eines Holzes aufhellen. Zwei wichtige Bleichmittel für Hölzer sind Wasserstoffsuperoxid – nicht anzuwenden bei Eichenholz, weil es sonst ein strohiges Aussehen bekommt – und Zitronensäure, die sich dagegen gut zum Bleichen von Eichenholz eignet, weil sie auf dem Holz keinerlei Verfärbungen hinterläßt.
Bei der Verwendung von Wasserstoffsuperoxid, das mit Wasser im Verhältnis 1:1 gemischt wird, muß das Holz ohne Nachwaschen lediglich gut durchtrocknen. Beim Bleichen mit Zitronensäure, die man so lange einwirken läßt, bis der gewünschte Bleicheffekt erreicht ist, muß man mit klarem Wasser nachwaschen. Dabei sollte allerdings möglichst wenig Wasser auf die Holzoberfläche gebracht werden; überschüssiges Naß sofort mit einem sauberen Lappen wegnehmen. Ist das Holz noch nicht hell genug, kann man den Bleichvorgang bei beiden Verfahren wiederholen.
Ebenfalls zum Bleichen kann man z.B. auch das Drei-Komponenten-Präparat Cyanex verwenden. Beim Hantieren mit den Flüssigkeiten müssen unbedingt eine Schutzbrille und Gummihandschuhe getragen werden. Am besten im Freien arbeiten, sonst den Raum gut lüften.

Bleichen hellt die Holzoberfläche auf. Hier haben wir ein Drei-Komponenten-Präparat verwendet. Nacheinander trägt man die beiden ersten Flüssigkeiten auf das Holz auf. Das dritte Präparat beendet den Bleichvorgang. Zum Schluß mit frischem Wasser nachwaschen.

Zitronensäure eignet sich sehr gut, um Eichenholz aufzuhellen. Sobald das Holz den gewünschten Farbton erreicht hat, muß man es gründlich mit Wasser abwaschen.

Lackieren – Sprühen macht Spaß

Mit Farbe können Sie selbst die unattraktivsten Dinge wieder aufmöbeln – auch wenn sie rund, uneben, mit Korb- oder Gittergeflecht versehen sind. Gerade dann zeigt sich die Stärke der Lacksprühdose: Durch die feine Vernebelung erreicht der Lack auch schwierigste Stellen. Entscheidend für ein gutes Ergebnis ist das richtige Vorbereiten des Untergrunds:

– Rohes Holz muß abgeschliffen und grundiert werden, damit der Decklack eine glatte Oberfläche ergibt. Zusätzlicher Effekt: Der Verbrauch an Decklack ist geringer. Nach dem Grundieren hochstehende Holzfasern mit einem feinen Schleifpapier trocken leicht abschleifen.

– Metall zunächst auf Rost prüfen. Er muß unbedingt runter. Erst mit Schleifpapier oder Drahtbürste arbeiten, dann mit einem chemischen Entroster oder Rostumwandler. Fettige oder ölige Metallflächen gründlich reinigen, eventuell mit Universal-Verdünnung abreiben.

– Kunststoffe können ganz unterschiedlicher Art sein, daher ist eine allgemeine Empfehlung nicht möglich. Zwei Arten der Vorbehandlung haben wir ausprobiert und für gut befunden: Die Oberfläche naß leicht anschleifen oder aber mit Verdünnung gründlich abreiben. Beide Methoden gewährleisten, daß die Oberfläche stumpf und die Haftung des Lackes dadurch besser wird.

– Bereits lackierte Flächen vor dem Übersprühen auf Lackverträglichkeit prüfen. Dazu an einer unsichtbaren Stelle neuen Lack auf den alten bringen und abwarten, ob sich nach einer halben Stunde Blasen oder „Orangenhaut“ zeigen. Das kommt eigentlich nur dann vor, wenn Acryl-Sprühlack auf Kunstharz-Lack gesprüht wird. Prüfen Sie

Die richtige Entfernung beträgt 25 bis 30 Zentimeter. Bei zu kleinem Abstand gibt's „Tränen“, bei zu großem Abstand Sprühnebel.

Kleine Gegenstände sind am besten im Hängen zu lackieren. Schnur oder Blumendraht helfen, die Objekte frei schwebend zu halten.

erst, ob der alte Anstrich noch fest haftet. Wenn nicht, abbeizen oder mit dem Spachtel abtragen. Dann die Flächen reinigen – am besten mit verdünntem Ablauger (nicht Abbeizer!). So wird die Fläche gereinigt und gleichzeitig „mattiert“ – für eine bessere Haftung des Decklacks.

– Stark saugende Materialien, z.B. Stoff, nehmen die Farbe gut an, ergeben aber keine geschlossene glänzende Lackfläche, da der Lack in den Stoff einzieht. Für ein Graffiti-Muster auf T-Shirts ist die Lacksprühdose also gut geeignet.

Spielregeln für Sprüher

Grundsätzlich sollten Sie davon ausgehen, daß Lacke gesundheitsschädlich und wenig umweltfreundlich sind. Hier ein paar Regeln, die man beim Umgang mit Lacksprühdosen im eigenen und im Interesse unserer Umwelt beherzigen sollte:

– Verwenden Sie ausschließlich Produkte mit der Garantie „FCKW-frei“.

– Arbeiten Sie mit Lacken nur in gut belüfteten Räumen, besser noch: draußen.

– Informieren Sie sich – vor allem, wenn Sie Kinderspielzeug Farbe geben wollen – , ob die Lacke speichelfest, blei- und cadmiumfrei sind.

– Setzen Sie bei Spritzarbeiten eine Atemschutzmaske auf.

– Kleben Sie Flächen, die keinen Lack abbekommen sollen, gut ab.

Je sorgfältiger der zu färbende Gegenstand grundiert wird, desto weniger Lack braucht man. Bei zweifarbigen Flächen wird zuerst die größere Fläche besprüht; dann die Farbe gut trocknen lassen . . .

. . . und das Muster mit Kreppband sowie Zeitungspapier abkleben. Danach wird die zweite Farbe aufgebracht. Das Klebeband unbedingt noch vor dem endgültigen Aushärten des Lacks entfernen.

Ein raffinierter Effekt ergibt sich, wenn man zwei Farben naß-in-naß sprüht – so wie bei unserem gelb/grünen Tablett. Die zweite Farbe wird auf bzw. neben den noch feuchten ersten Lack gesprüht, so daß die Farben verlaufen.

Besonders wichtig beim Lackieren mit Kunstharz-Spray: Nachlackierungen werden entweder innerhalb von zwei Stunden oder erst nach 24 Stunden durchgeführt, weil sonst die Gefahr des „Hochziehens" besteht.

Körbe mit der Sprühdose zu lackieren ist eine sehr dankbare Aufgabe, denn bei dieser Technik gelangt der Lack auch in Ecken, die mit dem Pinsel nicht erreicht werden können. Es empfiehlt sich aber, die luftigen Behältnisse ein-, zweimal vorzunebeln. Wenn Sie die Körbe aufhängen, können Sie sie vergleichsweise leicht von allen Seiten behandeln, ohne sich selbst die Finger zu lackieren.

Teppichboden –
gekonnt verlegt

Zunächst muß der alte Teppichboden entfernt werden, eine mühselige Arbeit. Hier ein Trick, der Ihnen dabei helfen kann: Befestigen Sie mit ein paar Schrauben an einem Schwingschleifer ein Stück Weiß- oder Stahlblech; damit lassen sich die Kleberreste entfernen.

Nachdem das Verlegenetz direkt von der Rolle quer zur späteren Richtung des Teppichs ausgelegt und angedrückt wurde, zieht man jetzt die Schutzfolie flach ab, um zu vermeiden, daß sich das Netz mit abhebt.

Ein schöner und gepflegter Teppichboden ist die Visitenkarte jeder Wohnung. Doch auch noch so intensive Pflege kann die Abnutzungserscheinungen der Jahre nicht überdauern. Mit der Zeit bilden sich Laufstraßen, und auch etliche Flecken erweisen sich als äußerst hartnäckig. Somit steht das Problem der Erneuerung an. Der größte Teil der Teppichböden ist vollflächig verklebt. Wer schon einmal selbst versucht hat, den alten Belag zu lösen, weiß, was Rückenschmerzen und Blasen an den Händen bedeuten. Der Teppichboden läßt sich lösen, doch Planschaum und Kleberreste bleiben haften.

Der Handel bietet Planschaumablöser an, die alle lösungsmittelhaltig und somit nicht empfehlenswert sind. Die Dämpfe senken sich nach unten und können noch nach Jahren vom Boden abgegeben werden. Es bleibt der gute alte Spachtel.

Der Teppichverleger löst dieses Problem mit dem „Stripper“, einem Profigerät. Eine pfiffige Lösung stellen wir Ihnen als besonderen Trick vor: einen mit einem Stück Weiß- oder Stahlblech versehenen Schwingschleifer, der wie ein „Stripper“ arbeitet.

Das Teppich-Verlegenetz von tesafix ist eine gute Möglichkeit, die Ablöseprobleme zu vermeiden. Es ist eine vollflächige, wiederaufnehmbare Fixierung für Teppichböden, klebt zur Teppichboden-Rückseite stärker als zum Unterboden und eignet sich für fast alle Untergründe (stuhlrollen- und fußbodenheizungsgeeignet). Beim späteren Entfernen werden Netz und Teppich einfach vom Unterboden abgezogen.

Wiederaufnahmekleber sind die andere Möglichkeit zur vollflächigen Verklebung. Sie müssen nach dem Auftrag einige Minuten ablüften, dann wird der Teppichboden in das noch feuchte Kleberbett eingelegt. Doppelseitiges Klebeband eignet sich nicht so gut für große Flächen, da früher oder später Wellen entstehen.

Nun wird der Teppich-Haftkleber mit dem Zahnspachtel aufgetragen. Bei dem hier verwendeten Kleber (von tesafix) kann der Bodenbelag später abgezogen werden; Belags- und Kleberreste lassen sich dann mit spülmittelhaltigem Wasser entfernen.

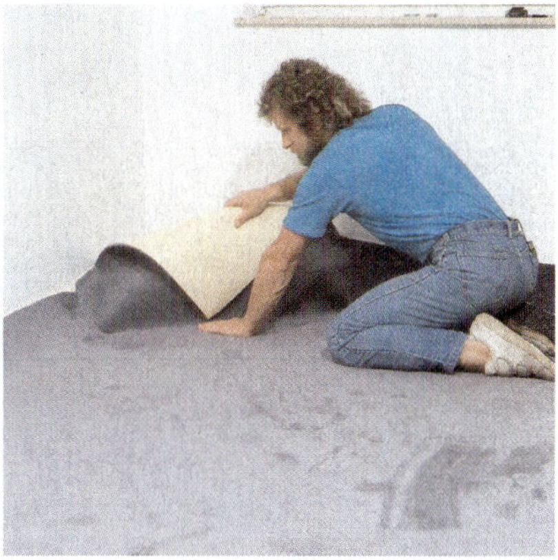

Jetzt nimmt man den zurückgeschlagenen Teppich auf, legt ihn aufs Netz und drückt zuerst die Mitte an, dann die Ecken. Die andere Seite wird ebenso verlegt.

Die Bildfolge auf diesen Seiten zeigt Ihnen, wie Sie mit dem Teppich in die Ecken und um sonstige Klippen kommen. Für alle Arbeitsgänge gilt, daß ganz besonders sauber und präzise gearbeitet werden muß. Der Kleber gehört nun mal unter und nicht auf den neuen Boden, und Ungenauigkeiten, die beim Verlegen eigentlich noch ganz gut hinzunehmen sind, rächen sich nicht selten Monate später, wenn sich der Teppichboden „gesetzt" hat.

Nachdem der Boden verlegt ist, mit dem Kantenschleifer oder Teppichmesser den Rand durchgehend an der Wand entlang abschneiden.

Türrahmen und Ecken erfordern eine Sonderbehandlung: Der hochstehende Teppichrand wird vorher senkrecht eingeschnitten und dann waagerecht angepaßt.

Die Schutzfolie an den Fußleisten abziehen und die Teppichstreifen auf das Selbstklebeband drücken. Die Übergänge werden dabei jeweils auf Stoß geklebt.

Der Doppelschnitt für Übergänge: Lassen Sie die Teppichstücke übereinanderlappen und trennen Sie beide Stücke mit dem Hakenmesser entlang einer Eisenschiene.

Unter der Nahtstelle sollte man als zusätzliche Sicherung ein Doppelklebeband verlegen und die Kanten gegeneinanderstoßen.

Installieren in Heimarbeit

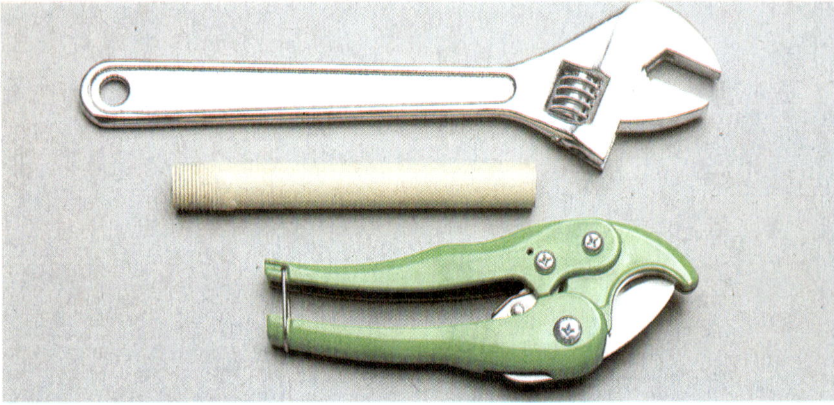

Lötlampe ist überflüssig: Zum Werkzeug gehören statt dessen ein verstellbarer Schraubenschlüssel, eine Ablänghülse und eine Rohrschneidezange.

Die Idee ist so gut, daß sie nicht den Handwerkern alleine überlassen bleibt: Wasserrohre aus Kunststoff werden jetzt auch den Heimwerkern angeboten. Vor Jahren hatten sich die Kunststoff-Systeme einen guten Namen gemacht, als Kupferrohre reihenweise dem „Lochfraß" zum Opfer fielen – sie waren korrodiert und undicht geworden. Daß Kunststoff gegen Rost sozusagen immun ist, bedeutet für Do-it-Yourselfer jedoch nur einen weiteren angenehmen Vorteil. Der wichtigste: Die neuen Rohre müssen nicht gelötet oder geschweißt werden; sie werden einfach verschraubt.

Das ganze Programm wurde als „Rohr in Rohr"-System zusammengestellt: Die wasserführende Leitung verläuft in einer Schutzhülle (ebenfalls aus Kunststoff). So wird eine Schallübertragung weitgehend vermieden und auch die Schwitzwasser-Bildung verhindert. Wer das Rohr im Rohr in ausreichend großen Bögen verlegt, kann es bei Beschädigungen sogar austauschen: Wenn versehentlich ins Rohr gebohrt wird, muß die Wand nicht erst aufgeschlagen werden. Das undichte Stück wird einfach am nächsten Anschluß aus der Schutzhülle herausgezogen und ersetzt.

Auch die Verlegung selbst ist für versierte Heimwerker kein Problem. Wie schon bisher, wird zu den Etagen eine Steigleitung geführt. Auf der jeweiligen Etage schließen Sie dann von einem Verteiler aus alle Armaturen an – und zwar immer mit separaten Leitungen. So entfallen Verbindungsstellen unter Putz oder im Boden, die undicht werden könnten. Fachleute erwarten eine Lebensdauer des Systems von 50 Jahren – je nach Wassertemperatur. Sie darf nach bestandenen Materialprüfungen ruhig bis 95° Celsius reichen; der zulässige Wasserdruck wird mit 10 bar angegeben.

Die mitgelieferten Verlege-Anleitungen sind ausführlich und anschaulich. Die in der ganzen Bundesrepublik für solche Arbeiten geltenden Richtlinien sollten jedoch strikt beachtet werden. Sie sind in der DIN 1988 und den Zusätzen 1 E bis 3 E erfaßt (Beuth-Verlag, Berlin, oder Strobel-Verlag, Arnsberg 2). Besonders die Wasserwerke sind

Durch diese spezielle Hebelschere läßt sich das Rohr geradlinig abschneiden und – mit Hilfe der Hülse – dann auch das Schutzrohr.

daran interessiert, nach Fertigstellung der Anlage die Abnahme-Bescheinigung zu erhalten. Die Trinkwasser-Anlage muß beispielsweise eine Druckprobe mit mindestens 12 bar bestehen. Diese Bescheinigung kann aber nur ein Meister erstellen. Auch bei der vielfach geforderten Rohrnetzberechnung kann man schlecht auf seine Hilfe verzichten. Und schließlich kann der Meister klären, ob dem Wasserwerk alle der angebotenen Komponenten genehm sind – z.B. die Kugel-Ventile. Wer gerade keinen Mann vom Fach kennt, läßt sich am besten vom System-Anbieter Adressen nennen (Anschrift am Ende dieses Artikels). Die Abnahme wird mit ca. 250 Mark berechnet. Diese Summe muß der Heimwerker also noch den reinen Kosten fürs Material hinzurechnen.

Die Ersparnis beim Rohr-im-Rohr-System liegt in den nicht anfallenden Löhnen – von der Abnahme abgesehen.

Damit die Heimarbeit auch erfolgreich wird, haben wir Ihnen hier noch einige wichtige Punkte aufgeführt:

– Etagenleitungen müssen von dem Hauptrohr in einer Höhe von mindestens 1,10 m abgenommen werden.

– Am höchsten Punkt jeder Steigleitung (kalt und warm) muß mindestens 50 cm über der letzten Entnahmestelle ein Rohr-Be- und Entlüfter angebracht sein.

– An der Anschlußstelle zum öffentlichen Wassernetz ist ein Rückfluß-Verhinderer vorgeschrieben.

Die Bezugsadresse: Das sogenannte Pluspunkt-System wird von der Sia-Handelsgesellschaft in Salzgitter 31 vertrieben (Am Bahnhof).

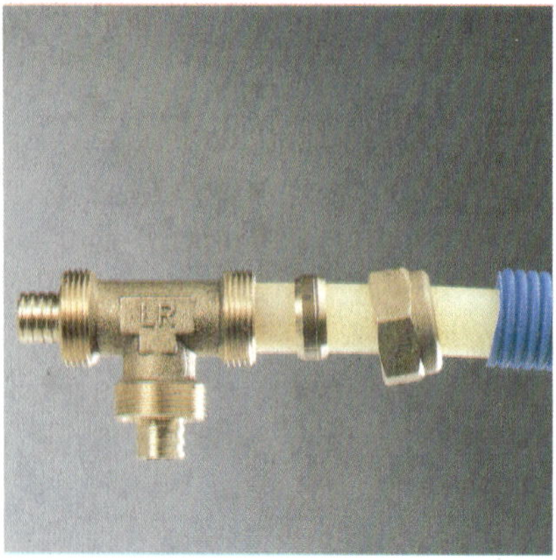

Das Kunststoffrohr muß fest über den Führungssteg bis zum Anschlag eingeschoben werden, bevor man mit einem ...

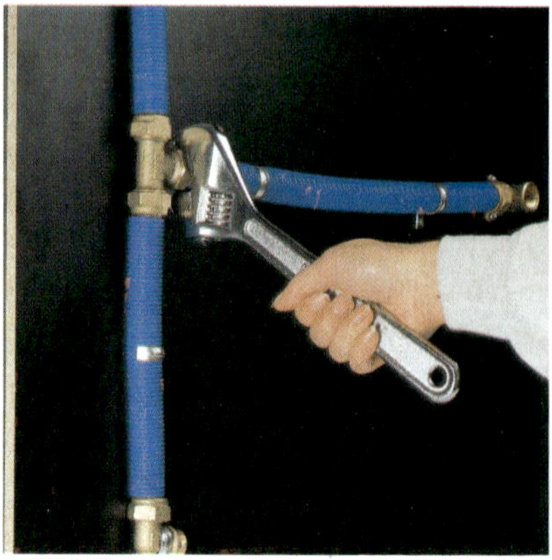

... „Engländer" die Anschlußverschraubung festzieht. So lassen sich nicht nur Wasser-, sondern auch Heizungsleitungen verlegen.

Zwei Enden derselben Sache: die Anschlußdosen etwa für den Waschtisch ...

... und die zugehörige Verbindung zum Stockwerkverteiler.

eben
hochziehen?

Um die Ecke hochzuziehen, die wir auf der vorhergehenden Seite abgebildet haben, brauchte unser Bauherr nur einen knappen Vormittag – und das, obwohl er vorher noch nie eine Maurerkelle in der Hand gehabt hatte. Einziges „Training“: Er hatte sich vor Baubeginn sehr genau über das Arbeiten mit Gasbeton informiert.

Bevor wir Ihnen die einzelnen Vorteile des Baustoffs Gasbeton vorstellen, sollten Sie wissen, wie er überhaupt hergestellt wird. Nach einem patentierten Verfahren werden gemahlener Quarzsand, Kalk und Zement unter Beigabe von Wasser und einem Treibmittel vermischt und in Gießformen gefüllt. Dort geschieht nun das Entscheidende: Die Mischung treibt (stellen Sie sich einen Kuchenteig im Ofen vor!) und bildet dabei Millionen kleiner Luftporen, die dem Gasbeton seine ganz charakteristischen Eigenschaften verleihen.

Aus dieser Masse schneidet man dann mit großer Genauigkeit die unterschiedlichen Plansteinelemente und härtet sie in einem speziellen Verfahren. Das Positive bei der Gasbeton-Herstellung ist die besondere Umweltfreundlichkeit. Die zuvor aufgeführten Rohstoffe sind in der Natur reichlich vorhanden, Schadstoffe fallen weder bei der Produktion an, noch sind sie im fertigen Baustoff enthalten.

Das Endprodukt, der Gasbeton, beeindruckt vor allem durch seine große Massivität bei nur geringem Gewicht. Das ist kein Widerspruch, denn dieser Baustoff schafft durch die Millionen kleiner Luftporen das Kunststück, massiv und gleichzeitig leicht zu sein. Dazu kommt noch eine besondere Druckfestigkeit des Materials.

Inzwischen wird speziell für den Selbstbauer ein ganzes System angeboten. Für Außen- und Innenwände gibt es zum einen die großformatigen maßgenauen Plansteine für einfache Verarbeitung mit Dünnbettmörtel oder zum anderen Blocksteine zur konventionellen Verarbeitung mit speziellem Wärmedämm-Mörtel. Beide Arten werden von 5 bis 37,5 cm Dicke angeboten. Mit diesem Bausystem steht dem Renovierer ein komplettes Programm zur Verfügung, das er für alle Modernisierungsvorhaben optimal einsetzen kann. Ob Anbau, Umbau, Ausbau oder Altbausanierung, für jedes Einsatzgebiet finden sich geeignete Bauteile und Ergänzungsprodukte. Ein weiterer wesentlicher Vorteil ist das schon erwähnte geringe Gewicht aller System-Bauteile: Vor allem bei Modernisierungsarbeiten in Obergeschossen oder beim Dachausbau gibt's daher sowohl beim Transport als auch bei der Deckenbelastung keine sonderlichen Probleme. Ohne zusätzliche statische Maßnahmen kann man z.B. auf vorhandenen Decken massive, nicht tragende Trennwände errichten. Renovierungsarbeiten gehen mit Gasbeton-Elementen problemlos, sauber und fast trocken vonstatten.

Für Durchbrüche, Tür- und Fensteröffnungen stehen fertige Stürze, für größere Spannweiten U-Schalen zur Verfügung, mit denen tragende und nichttragende Stürze ohne aufwendige Schalung ausgeführt werden können.

Gasbeton ist ein ideales Baustoff-System für Heimwerker mit sorgfältig aufeinander abgestimmten Bauteilen, ergänzenden Werkstoffen und systemgerechten Werkzeugen. Weltweit setzen Architekten, Bauunternehmer und Bauherren mittlerweile auf die wirtschaftlichen, verarbeitungstechnischen, energiesparenden und bauphysikalischen Vorteile dieses Baustoffs.

Eine Mischmaschine ist hier überflüssig

Die großformatigen Block- oder Plansteine aus Gasbeton passen sich im wahrsten Sinne des Wortes jeder schon vorhandenen Bausubstanz problemlos an. Paßstücke lassen sich schnell und maßgenau mit der Säge schneiden. So ist es denkbar unkompliziert, z.B. Holzfachwerke auszufachen, Badewannen abzumauern oder Wände unter Dachschrägen herzustellen. Die Steine verarbeitet man mit Dünnbettmörtel, der nur mit Wasser angerührt wird. Eine Mischmaschine ist bei Gasbetonmauerwerk überflüssig. Lärm und Schmutz werden dadurch auf ein erträgliches Minimum reduziert. Weitere wesentliche Vorteile: 1. Arbeitserleichterung durch geringes Gewicht. 2. Geringer Mörtelverbrauch durch Dünnbettverfahren. 3. Schneller Baufortschritt durch großformatige Steine. 4. Leichtes Bearbeiten des Materials. 5. Es sind nur wenige Vorkenntnisse erforderlich. 6. Man braucht auch nur wenige Werkzeuge zur Verarbeitung. Um beispielsweise ein komplettes Mauerwerk zu erstellen, reichen Bohrmaschine, Rührquirl, ein widiabestückter Fuchsschwanz, Gummihammer, Anreißwinkel, Hobelbrett, Wasserwaage sowie Zollstock und Plansteinkelle zum Auftragen des Dünnbettmörtels.

Die Arbeiten für das Fundament lassen wir großzügig weg, denn es geht uns um das Mauern mit Gasbetonsteinen. Bereits bei der allerersten Steinlage wird bei den Stoß- und Lagerfugen mit einem Dünnbettmörtel gearbeitet.

Das Ausrichten der Plansteine erfolgt exakt nach Schnur und Wasserwaage mit dem Gummihammer. Eventuelle Unebenheiten können schnell und problemlos mit dem Gasbetonhobel oder dem Schleifbrett beseitigt werden.

Bei der ersten Plansteinlage muß man natürlich besonders sorgfältig arbeiten, denn sie ist das Fundament für alle späteren Schichten. Kleine Ungenauigkeiten, die sich hier einschleichen, können beim fertigen Bauwerk ganz beachtliche Differenzen hervorrufen. Daher sollte man jeden Planstein einzeln kantengenau nach der Richtschnur und mit der Wasserwaage ausrichten und die Steine mit dem Gummihammer gegeneinandertreiben.

Für die Ecken empfiehlt es sich, mit einem großen Holzwinkel, den man sich selbst bauen kann, immer wieder Kontrollen auszuführen.

Die Steine setzt man ohne großen Kraftaufwand aufeinander. Sie lassen sich mit einem widiabestückten Fuchsschwanz schneiden, können aber auch, nachdem sie vorher eingesägt wurden, mit Beil und Hammer paßgenau geschlagen werden.

Küchenmöbel aus Beton

Im vorhergehenden Kapitel haben wir uns bereits mit dem Mauern mit Gasbetonsteinen beschäftigt. Auf diesen Seiten geht es nun darum, Leichtbetonplatten im Innenausbau einzusetzen. Wie wir schon erfahren haben, läßt sich Gasbeton verhältnismäßig leicht in nahezu jede gewünschte Form bringen, und das betrifft natürlich nicht nur die Steine, sondern auch die Platten. Sie lassen sich so rasch und problemlos verarbeiten, daß sie sich sogar zum Möbelbau oder – wie in diesem Fall – für eine Kücheneinrichtung anbieten. Das Prinzip ist ganz einfach: die Leichtbetonplatten in den gewünschten Abständen aufstellen, eine Arbeitsplatte darüber- und Fachböden einlegen, die Zwischenräume mit Türen oder Vorhängen verkleiden – fertig. Ergebnis: eine robuste, schnelle und nicht alltägliche Lösung, die auch das Budget nicht allzu sehr belastet.

Gerade eine Küche will vernünftig konzipiert und geplant sein. Elektro- und Wasseranschluß müssen unbedingt berücksichtigt, vernünftige Bewegungsabläufe bedacht werden. Zeichnen Sie sich vor Baubeginn am besten einen Plan im Maßstab 1:20 auf. Halten Sie sich nach Möglichkeit an Normmaße – das spart eine Menge Zeit und Geld. Bereits vorhandene Elektrogeräte wie Kühl- und Gefrierschrank, Herd und

Gasbetonplatten haben an den langen Kanten zwei 3 mm starke eingegossene Transporteisen. Daher werden die Platten zunächst mit einer Handsäge von beiden Seiten vorgesägt; danach durchtrennt man die Eisen mit einer losen Metallsägeklinge.

Der Leim für die Bodenplatte wird dick aufgetragen, aber: Alle zu verklebenden Flächen erst gründlich wässern und vollsaugen lassen, andernfalls nimmt der Gasbeton das Wasser im Leim zu rasch auf, so daß dieser nicht richtig abbinden kann.

Spülmaschine bei der Planung nicht vergessen und die dafür notwendigen Steckdosen vorsehen!

Gas- oder auch Leichtbeton ist „erstarrter Betonschaum" – ein sehr leichtes Material, das nur halb so viel wiegt wie gewöhnlicher Beton. Die Teile, die man für die Küche braucht, sind sogenannte Wandteile – 7,5 bzw. 10 cm dick, 50 bzw. 60 cm breit und 240 bis 260 cm hoch. Für die vorgestellte Küche haben wir 50 × 250 × 7,5 cm große Platten verwendet. Sie wiegen etwa 70 kg pro Stück, und man kann sie zu zweit problemlos transportieren. Verleimt werden die Gasbetonteile mit einem Kleber auf Zementbasis. Er ist als Pulver erhältlich und wird mit Wasser verrührt. Will man eine einigermaßen einheitliche Oberfläche erzielen, kann man Gasbeton mit feinem oder grobem Mörtel verputzen, verspachteln oder – und das haben wir hier gemacht – einen sogenannten Streichputz auftragen. Mit dieser Oberflächenbehandlung werden die wesentlichen Unebenheiten und kleine Risse in der Oberfläche kaschiert.

Unter allen Umständen muß vor jeder Oberflächenbehandlung sehr sorgfältig grundiert werden, da sonst das poröse Material das ganze Wasser aus dem Anstrich aufsaugt, ehe dieser trocknen kann.

Der Sockel wird aus zwei unterschiedlich breiten Platten gebildet, die man aufeinanderleimt. Dann setzt man neben die Bodenplatte die erste Seitenwand, verklebt sie mit dem Boden und fixiert sie mit Holzschrauben. An die Aussparung für den Sockel denken!

Danach kommt die andere Außenseite dran. Ein gerades Brett und eine Wasserwaage helfen, die richtige Höhe für die Innenwände festzulegen.

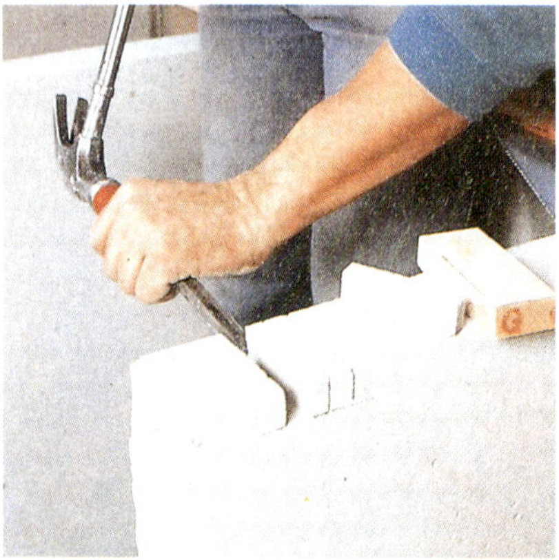

Die 30 mm starke Arbeitsplatte liegt auf zwei 21×43 mm starken und breiten Leisten auf, die in den senkrechten Wänden versenkt werden. Dazu mehrere 21 mm tiefe Rillen in die Wände sägen und den Ausschnitt mit dem Stemmeisen herausarbeiten.

Die Leisten befestigt man mit Holzleim und Schrauben, die mindestens doppelt so lang sein sollten wie die Leistendicke.

Sind alle Teile aufgestellt, werden Löcher und Stöße mit Acrylspachtelmasse geglättet. Außerdem dichtet man die Fugen zur Wand ab. Danach sind die 19 mm dicken Einlegeböden aus beschichteter Spanplatte an der Reihe. Sie liegen auf 21×21-mm-Leisten.

Die Türen bringt man mit Scharnieren an den vorderen Kanten der Gasbetonwände an. Billiger und müheloser geht es mit Vorhängen, oder man läßt einfach den einen oder anderen Zwischenraum offen.

Richtig Putz machen

So einladend kann Putz im Haus wirken. Die rauhe, weiß gestrichene Oberfläche verträgt sich besonders gut mit dunklen, naturbelassenen Hölzern.

Möglichkeiten, um nackte Wände zu verschönern, gibt es reichlich, und fast jeden Monat kommen noch „völlig neue" Verkleidungssysteme hinzu. Trotz all der Errungenschaften moderner Technik ist die traditionelle Methode, das Verputzen, aber doch Spitzenreiter bei den Häuslebauern geblieben – und das aus vielen guten Gründen.
Die Wandoberflächen müssen nämlich eine ganze Menge aushalten: Aggressive Teile in der Luft, Feuchtigkeit und auch mechanische Beanspruchung gehören zu den Feinden, die Häusern an die Substanz wollen. Und als ob das nicht schon genug wäre, stellen die Bewohner auch noch ästhetische Ansprüche. Auch die Bequemlichkeit und nicht zuletzt die finanziellen Mittel wollen berücksichtigt sein. Einen Stoff aber, der gut aussieht, vor Einflüssen aus der Umwelt schützt, wärmedämmend wirkt, das Klima der Räume mitregelt, zudem preiswert, langlebig und leicht zu verarbeiten ist – diesen Stoff erfindet man nicht jeden Tag. So leicht, wie sich die Vorzüge von verputzten Wandflächen aufzählen lassen, so schwer ist es jedoch für den Laien, sich einen Überblick über das Marktangebot zu verschaffen. Da sprechen Baustoff-Händler von Reibe-, Buntstein-, Wurm- und Edelputz, in den Verarbeitungshinweisen stehen Wortgebilde wie Kunststoff-Dispersionsputz, Struktur-, Gasbeton- oder Marmorputz, und die Hersteller werben für Spachtel-, Mineral-, Dekor- oder gar Patschputz.
Putze bestehen aus zwei Teilen. Einfach ausgedrückt sind das Körner und Bindemittel. Die „Körner" – Füllstoffe und Pigmente – bestimmen Aussehen und Farbe des Putzes. Ihre Größe steht als Körnung auf der Verpackung. Es können Kieselsteine oder farbige Quarze sein, aber auch Hydratkalk, Perlmutt, Titandioxid und Marmorgranulat werden verwendet. Auf diese Bestandteile beziehen sich Namen wie beispielsweise Marmor- oder Buntsteinputz.
Und dann gehört das Bindemittel noch dazu, das im Putz verwendet wird, um die Pigmente an der Wand zu halten. Zwei Hauptgruppen gibt es: mineralische und künstliche Bindemittel. Mineralisch sind etwa Putze auf Gips-, Kalk- oder Zementbasis. Silikate (zum Beispiel Kaliwasserglas) können ebenfalls als Grundlage dienen. Die zweite Gruppe der Bindemittel wird von Kunstharzen und Kunststoffen gebildet. Dabei ist für Heimwerker besonders die Art der verwendeten Verdünnung wichtig: Enthält der „künstliche" Putz Lösemittel, so ist bei der Verarbeitung zumindest auf eine gute Belüftung zu achten. Umweltfreundlicher sind da wasserverdünnbare (Dispersions-)Putze. Die Füllstoffe sind allerdings auch bei Kunstharz-Putzen noch „natürlich" – also mineralisch.
Nach den Arten des Auftrags und der Oberflächenbearbeitung unterscheidet man: Rollputz wird aufgerollt, Spachtelputz aufgespachtelt und Spritzputz maschinell aufgespritzt. Wie der Kellenwurfputz an seinen Bestimmungsort kommt, läßt sich unschwer erraten. Ist der Putz erst einmal per Hand oder Maschine an die Wand gebracht, so gibt es fast unbeschränkte Möglichkeiten, seine Oberfläche zu formen. Wird er einfach auf Kornstärke abgezogen (was bei einer Körnung bis 5 mm also eine Putzschicht von einem halben Zentimeter Dicke ergibt) und anschließend feucht geglättet, so spricht man von einem Glattputz. Reiben in waagerechter, senkrechter oder diagonaler Richtung sowie in Kreuz- und Kreisform zieht die Pigmente durchs Bindemittel. Diese Spuren bilden das sogenannte Reibemuster, daher der Name Reibeputz. Beim Kratzputz werden dagegen aus der angetrockneten Oberfläche grobe

Der große Auftritt für kreative Heimwerker: Unser Bau-Diagramm zeigt Ihnen den Weg zu den verschiedensten Putz-Oberflächen. Ob Sie mit einem fertigen Produkt arbeiten oder Ihren Putz selbst anmischen, ob Sie eine Maschine benutzen oder die Masse mit der Kelle von Hand auftragen: Das große Vergnügen am Gestalten kommt immer zum Schluß. Unter dem Begriff „Strukturputz" finden sich alte Bekannte wie Kellenschlag-, Flaschenboden- oder Antikmuster (geformt durch Eindrükken der Kellenkante oder eines Flaschenbodens bzw. durch Vierteldrehung der Kelle), aber auch ausgefallene Varianten wie Patsch- oder Nesterputz (einfach an die Wand werfen oder in „Nestern" auftragen). Im Handel gibt es zahlreiche Struktur-Spachtel und -Rollen für Heimwerker, die nicht mit ihren bloßen Händen oder einem alten Malerpinsel kreativ sein wollen. Der Phantasie beim Verputzen sind allenfalls durch behördliche Regelungen Grenzen gesetzt, und die entfallen natürlich für alle

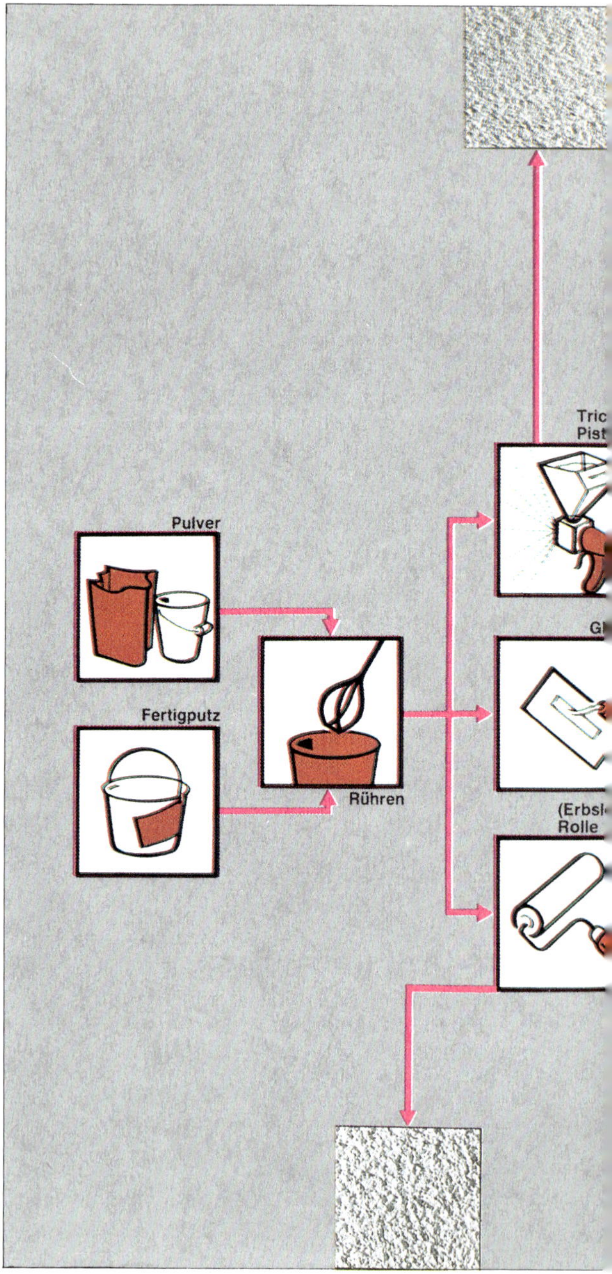

Putzarbeiten im Haus. Beim Arbeitsab lauf macht es keinen Unterschied, o man ganze Hauswände oder nur ein

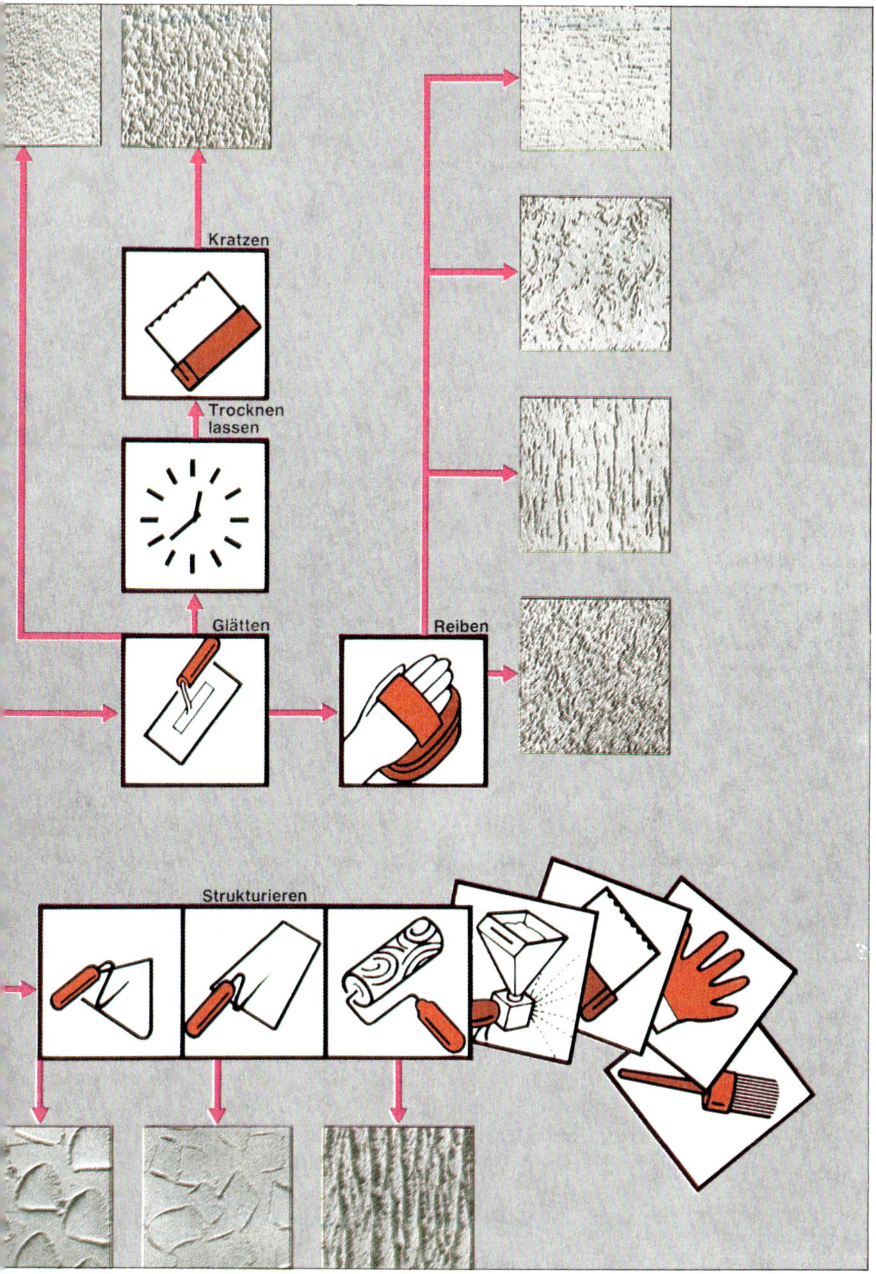

Kaminecke verputzt. Kleinere Flächen können auch Anfänger sehr gut bewältigen.

Körner herausgekratzt, so daß eine Art Lochmuster entsteht.
Neben diesen fast genormten Oberflächen-Mustern gibt es noch eine ganze Reihe freier Variationen. Als Werkzeuge zum Strukturieren können neben Kelle, Flaschenboden, Lammfellrolle und Zahnspachtel fast alle Dinge dienen, die Eindruck auf eine feuchte Putzschicht machen. Für Heimwerker besonders wichtig ist noch eine Wortschöpfung, die auf „putz“ endet: der Fertigputz. Statt als Pulver in Säcken verpackt, steht diese Variante gebrauchsfertig im Eimer bereit; ein Mischen entfällt. Wer Do-it-yourself ganz wörtlich nimmt, der macht sich auch seinen Putz selbst: Stein- oder Kiesputzbinder wird mit Kies vermischt und danach genauso verarbeitet wie fertig gekaufter Kiesputz. Eine extrem grobe Körnung ist dabei besonders an Haus-Sockeln nützlich, die viel Spritzwasser abbekommen: Die dicken Körner brechen die Wucht der auftreffenden Tropfen.

Kleines Putz-ABC

Abglätten
Stark strukturierte Putzflächen können im schwach angetrockneten Zustand mit einem Spachtel, einem feuchten Schwamm oder einer Acrylglasscheibe ein wenig abgeglättet werden. Hierbei werden scharf hervorstehende Putzgrate gebrochen, um ein Verletzen oder Hängenbleiben an den später sehr harten Spitzen auszuschließen.

Buntsteinputz (Kieselputz, Mosaikputz)
Putze mit besonders grober Körnung (mehr als 2-3 mm). Buntstein- oder Kieselputze werden in verschiedenen Farbkombinationen angeboten und eignen sich für besonders stark strapazierte Flächen wie Gebäudesockel oder Treppenhäuser. Das gebrauchsfertig gekaufte oder aus Kies und Binder selbst gemischte Material wird einfach mit dem Glätter aufgetragen – bei sehr grober Körnung in ein Kleberbett – und abgeglättet. Da aufgrund der transparenten Bindemittel der Untergrund durchschimmern kann, empfiehlt sich ein Voranstrich im Grundfarbton des Putzes.

Dämmputz
Besonders als Unterputz wird gerne Dämmputz eingesetzt, der aus Mineralputz mit eingebetteten Polystyrol-Kügelchen besteht. Polystyrol ist ein hervorragendes Isoliermaterial, das sehr wenig wiegt. Daher bringt Dämmputz nur etwa ein Sechstel des Gewichtes von normalem Putz auf die Waage und kann infolgedessen einlagig bis zu 50 mm Dicke verarbeitet werden; noch dickere Schichten sollten in zwei Lagen aufgebracht werden.

Diffusion
Unter Diffusion versteht der Fachmann den Durchgang von Wasserdampf durch feste Stoffe. Raumwände müssen dazu fähig sein, Wasserdampf nach außen dringen zu lassen, da sonst durch die im Raum verdunstende Feuchtigkeit – von Menschen, Pflanzen und Haustieren abgegeben, ganz zu schweigen vom kochenden Kaffeewasser – in kürzester Zeit ein Treibhausklima entstünde. Achten Sie also auf ein möglichst diffusionsfähiges Material.

Ecken und Kanten

Mindestens ebensoviel Sorgfalt wie die glatten Flächen erfordern deren Ränder. Da sich Putz gegen mechanische Belastungen wie Anstoßen nicht gut wehren kann, verstärkt man die Außenkanten in der Regel mit sogenannten Putz- oder Kantenleisten.

Gerade Kanten oder Putzleisten erreicht man entweder wie beim Streichen von Farbe durch Abkleben oder durch eine Putzlehre. Dies ist nicht etwa die Lehre vom richtigen Putzen, sondern ein Hilfsbrett, das mit speziell geformten Putzhaken festgeklemmt wird und so als Randbegrenzung dient. Übrigens: Eine schön geformte Außenecke erhalten Sie, wenn Sie zwei Kellen im 90°-Winkel aneinanderhalten und damit vorsichtig an der frisch verputzten Ecke entlangfahren.

Edelputz

Diese Klassifikation bezieht sich auf die „edle“ Rezeptur des Putzes: Hier wurden speziell ausgesuchte Zuschlagstoffe verwendet; der Putz weist außerdem eine besonders gleichmäßige Zusammensetzung auf.

Farbe

Drei Wege gibt es, um einer Putzschicht etwas farbiges Leben einzuhauchen. Zunächst ist es zumindest theoretisch möglich, die Putzmassen mit Pigmenten abzutönen. Für Amateure jedoch wird es schwer sein, eine größere Menge, womöglich noch in mehreren Behältern, gleichmäßig einzufärben. Die zweite Möglichkeit: Ab einer je nach Firma unterschiedlichen Mindest-Abnahmemenge sind die meisten Hersteller bereit, das Einfärben für Sie schon in der Fabrik vorzunehmen. Der dritte Weg ist oft der einfachste: Überstreichen. Die meisten Putze vertragen sich gut mit Acryllack, Kunststoff- oder Dispersionsfarben. Lassen Sie der Putzschicht aber genügend Zeit zum Trocknen.

Innen und außen

Natürlich gibt es auch Unterschiede zwischen Innen- und Außenputz – weniger in der Zusammensetzung als vielmehr in der Anwendung. Bestimmte Strukturen etwa sind für den Außenbereich denkbar ungeeignet, weil sich darin bei Regen Wassernester bilden können. Da Putz an Außenwänden viel mehr Belastungen ausgesetzt ist als im

Innenbereich, gilt als Faustregel, daß alles, was außen machbar ist, auch im Innenraum problemlos funktioniert. Nicht alle Innenputze eignen sich aber auch für Außenflächen.

Körnung
Die Angabe der Körnung auf der Verpackung bezeichnet die maximale Korngröße. Zugleich gibt sie also auch die geringste Dicke der Putzschicht an, die Sie mit diesem Material erreichen können.

Rühren
Ein guter Tip: Verwenden Sie einen Rührvorsatz für die Bohrmaschine. Sonst kann es passieren, daß Ihnen schon nach dem Anrühren des Putzes die Arme weh tun. Ein gründliches Durchrühren ist wichtig für ein gleichmäßiges Aussehen der späteren Putzoberfläche an der Wand.

Sonderformen
Für begrenzte Anwendungsgebiete gibt es Spezialputze wie etwa Feuerschutz-, Entfeuchtungs-, Ölsperr- oder auch Strahlenschutz-Putz.

Tragfähigkeit
Um zu prüfen, ob der Farb-Untergrund noch tragfähig genug ist, gibt es zwei bewährte Tests. Zunächst den Gitterschnitt: Schneiden Sie mit einer Rasierklinge einige senkrechte und waagerechte Linien im 2-mm-Abstand in die alte Farbe. Wenn weniger als ein Fünftel der so entstandenen Felder herausfällt, können Sie davon ausgehen, daß die Farbe noch tragfähig ist. Die andere Möglichkeit: Bringen Sie nur einen Schnitt an, drücken Sie einen Klebestreifen fest über die Schnittstelle und ziehen Sie ihn schnell wieder ab. Wenn keine oder nur ganz winzige Farbteilchen am Streifen haften bleiben, hat der Untergrund den Test bestanden.

Werkzeug
Alle Werkzeuge, die mit dem Putz in Berührung kommen (wie etwa Kellen, Rührquirle oder Reibebretter), sollten auf jeden Fall rostfrei sein, also entweder aus Kunststoff oder aus rostfreiem Stahl bestehen. Da sich beim Arbeiten immer feinste Metallspäne von Eisenwerkzeugen abreiben, würden sonst infolge Feuchtigkeit später häßliche Rostflecken auf der Putzoberfläche sichtbar.

Wetter
Für Außenarbeiten wählen Sie am besten schattige, frostfreie und trockene Tage. Frische Putzschichten sind, was das Wetter anbelangt, nämlich sehr wählerisch. Direkte Sonneneinstrahlung „verbrennt“ den Putz, d.h. die Feuchtigkeit in der oberen Schicht verdunstet zu schnell, und die Oberfläche wird sandig und rauh, da das Bindemittel nicht völlig aushärten kann; zur Not kann ein Besprühen mit Wasser Abhilfe schaffen. Ähnlich schlimm wirkt übrigens starker Wind. Regen wäscht das Bindemittel aus; Frost bricht den Putz.